REFER

The **reference** for writing **palindromes**

I'LL IMPRESS HER WITH A PALINDROME.

MADAM, I'M ADAM.

— EVE.

THAVES

J. Walter Lynch

Acknowledgements

I wish to thank several people for their contributions in the compilation of the book:

Sammy Mitchell for computer work in helping to identify many of the sequences of letters that spell words when read either left to right or from right to left

Richard Hathaway and David Stone for their help in gathering information about the cardinality of the set of prime palindromes

Jerry Johnson for information and advice about the publishing process

Laurrie Freeman for her many helpful suggestions concerning the organization of the book

Marci Rheinschild for putting it all together for the printer.

And above all my wife, Monika, and my daughter, Judy, for their guidance and helmsmanship.

ISBN 978-0-6151-4912-7

Introduction

This book is intended to be of assistance to people who like to make palindromes.

The book consists of two parts. The first part deals with palindromes that use letters of the alphabet. The second part is concerned with numerical palindromes.

PART ONE

The book contains 515 sequences of letters from the English alphabet that are words when read either from left to right or from right to left.

The words are presented in six chapters according to different categories.

Chapter I contains the 515 words arranged in alphabetical order, i.e. *a, a* to *Zeus, Suez.*

Chapter II contains words that are themselves palindromes; i.e. words that are the same when read left to right as they are when read right to left, e. g. *radar* and *level.*

Chapter III contains words that are most often used as nouns, e. g. *loop.*

Chapter IV contains words that are most often used as verbs, e. g. *keep.*

Of course some words are sometimes used as nouns and other times as verbs depending on the context. Saw is such a word; A carpenter often uses a hand saw in his work. Ezekiel saw the wheel.

And some words are usually nouns when read one way and verbs when read the other way, e. g. sward and draws.

Chapter V contains words that are most often used as adjectives, e. g. *civic*.

Chapter VI contains adverbs, conjunctions, prepositions, and interjections.

In addition to conventional type palindromes that are the same sentences when read left to right or right to left it is possible to write sentences that have one meaning when read from left to right and a different meaning when read from right to left. For example *Tab a looter and Retool a bat.* The reader may want to look for a sentence that has one meaning when read from left to right and the opposite when read from right to left. *I did pullup a ton did I. I did not a pullup did I.*

PART TWO

Part two deals with numerical palindromes, prime palindromes, and palindromes that have the property that the product of the nonzero digits is the same as the sum of the digits, i.e. 12221. Part two also contains the palindromes with two digits through the palindromes with seven digits.

There is also a glossary that contains definitions of some of the less familiar words.

CONTENTS

Acknowledgments 3

Introduction 5

Part One -

Palindromes Using Letters of the Alphabet 5

Sentences Both Ways That Are Not Palindromes

    (e. g. Tab a looter, Retool a bat.). 7

Chapter I: Words Both Ways (e. g. star). 11

Chapter II Words that are Themselves Palindromes

    (e. g. level) 29

Chapter III: Nouns and Pronouns 31

Chapter IV: Verbs 39

Chapter V: Adjectives 43

Chapter VI: Adverbs, Conjunctions, Prepositions,

    Interjections 45

Part Two -

Numerical Palindromes 47

How Many Numerical Palindromes? 48

How Many Palindromes with n Digits? 47

How Many Prime Palindromes? 48

Integers with Property j 48

Product of Nonzero Digits and Sum of Digits

    Both Equal to n 48

How Many Prime Numbers Have Property j? . . . 49

Palindromes with Property j 50

How Many Palindromes Have Property j?. 50

Prime Palindromes with Property j 50

How Many Prime Palindromes Have Property j? 50

An example of a Prime Palindrome with

    Property j 50

Palindromes with 2 Digits 51

Palindromes with 3 Digits 51

Palindromes with 4 Digits 52

Palindromes with 5 Digits 53

Palindromes with 6 Digits 60

Palindromes with 7 Digits 67

Glossary 137

PART ONE

Palindromes Using Letters of the Alphabet

CHAPTER I

WORDS BOTH WAYS

A, A

AA, AA

AAA, AAA

ABLE, ELBA

ABM, MBA

ABUT, TUBA

ADA, ADA

ADOS, SODA

AH, HA

AHA, AHA

AILED, DELIA

AIM, MIA

ALA, ALA

AM, MA

AMA, AMA

ANAL, LANA

AND, DNA

ANNA, ANNA

ANNAM, MANNA

APE, EPA

ARE, ERA

ATE, ETA

AVE, EVA

AVID, DIVA

AVIV, VIVA

AVON, NOVA

BAAS, SAAB

BAD, DAB

BAG, GAB

BAN, NAB

BARD, DRAB

BAT, TAB

BATS, STAB

BIB, BIB

BIN, NIB

BIRD, DRIB

BOB, BOB

BOG, GOB

BOOB, BOOB

BRAG, GARB

BUD, DUB

BUN, NUB

BUNS, SNUB

BURG, GRUB

BUS, SUB

BUT, TUB

BUTS, STUB

CAM, MAC

CAW, WAC

CC, CC

CIVIC, CIVIC

CRAM, MARC

CRC, CRC

DAB, BAD

DAD, DAD

DAM, MAD

DAMON, NOMAD

DEBUT, TUBED

DECAL, LACED

DEED, DEED

DEEPS, SPEED

DEER, REED

DEFER, REFED

DEIFIED, DEIFIED

DEKED, DEKED

DEL, LED

DELIVER, REVILED

DEN, NED

DENIER, REINED

DENIES, SEINED

DENIM, MINED

DENNED, DENNED

DENNIS, SINNED

DEPOT, TOPED

DESSERTS, STRESSED

DEVIL, LIVED

DEW, WED

DEWED, DEWED

DIAL, LAID

DIAPER, REPAID

DID, DID

DIM, MID

DIR, RID

DIVA, AVID

DNA, AND

DOD, DOD

DOG, GOD

DON, NOD

DOOM, MOOD

DOS, SOD

DRAB, BARD

DRAW, WARD

DRAWER, REWARD

DRAWS, SWARD

DRAY, YARD

DRIB, BIRD

DUAL, LAUD

DUB, BUD

DUD, DUD

EAR, RAE

EDIT, TIDE

EEL, LEE

EKE, EKE

ELBA, ABLE

ELBERT, TREBLE

EMIL, LIME

EMIR, RIME

EMIT, TIME

EPA, APE

ERA, ARE

ERE, ERE

EROS, SORE

EST, TSE

ETA, ATE

EVA, AVE

EVE, EVE

EVIL, LIVE

EWE, EWE

EYE, EYE

FAR. RAF

FIRES, SERIF

FLOG, GOLF

FLOW, WOLF

GAB, BAG

GAG, GAG

GAL, LAG

GALS, SLAG

GARB, BRAG

GAS, SAG

GEL, LEG

GEM, MEG

GIG, GIG

GIRT, TRIG

GNAT, TANG

GNAW, WANG

GNUS, SUNG

GOB, BOG

GOD, DOG

GOLF, FLOG

GOT, TOG

GRUB, BURG

GULP, PLUG

GUM, MUG

GUMS, SMUG

GUNS, SNUG

GUT, TUG

HA, AH

HANNAH, HANNAH

HARRIS. SIRRAH

HO, OH

HOOP. POOH

HUH, HUH

I, I	LANA, ANAL
III, III	LAP, PAL
IRS, SRI	LAS, SAL
KAY, YAK	LAUD, DUAL
KAYAK, KAYAK	LED, DEL
KEEL, LEEK	LEE, EEL
KEELS, SLEEK	LEEK, KEEL
KEEP, PEEK	LEER, REEL
KNITS, STINK	LEG, GEL
KO, OK	LEON, NOEL
KOOK, KOOK	LEPER, REPEL
KRAMER, REMARK	LEVEL, LEVEL
LACED, DECAL	LEVER, REVEL
LAG, GAL	LIAR, RAIL
LAGER, REGAL	LIEN, NEIL
LAID, DIAL	LIME, EMIL

LIVE, EVIL

LIVED, DEVIL

LOOP, POOL

LOOPS, SPOOL

LOOT, TOOL

LOOTER, RETOOL

LOOTS, STOOL

LOS, SOL

MA, AM

MA'AM, MA'AM

MAC, CAM

MAD, DAM

MADAM, MADAM

MALAYALAM,
        MALAYALAM

MAN, NAM

MANNA, ANNAM

MAP, PAM

MAR, RAM

MARC, CRAM

MARRAM, MARRAM

MART, TRAM

MAT, TAM

MAWS, SWAM

MAY, YAM

MBA, ABM

MEET, TEEM

MEG, GEM

METS, STEM

MIA, AIM

MID, DIM

MINED, DENIM

MINIM, MINIM

MIT, TIM

MOM, MOM

MOOD, DOOM

MOOR, ROOM

MUG, GUM

MUM, MUM

NAB, BAN

NAM, MAN

NAMER, REMAN

NAN, NAN

NAP, PAN

NAPS, SPAN

NAT, TAN

NATURES, SERUTAN

NED, DEN

NEIL, LIEN

NEMO, OMEN

NET, TEN

NIB, BIN

NIP, PIN

NIPS, SPIN

NIT, TIN

NO, ON

NOD, DON

NOEL, LEON

NOMAD, DAMON

NON, NON

NOON, NOON

NOR, RON

NOT, TON

NOTES, SETON

NOVA, AVON

NOW, WON

NUB, BUN

NUN, NUN

NUTS, STUN

OAT, TAO

OH, HO

OK, KO

OMEN, NEMO

ON, NO

OTTO, OTTO

PACER, RECAP

PAL, LAP

PALS, SLAP

PAM, MAP

PAN, NAP

PANS, SNAP

PAP, PAP

PAR, RAP

PART, TRAP

PARTS, STRAP

PAT, TAP

PAWS, SWAP

PAY, YAP

PAZ, ZAP

PEED, DEEP

PEEK, KEEP

PEELS, SLEEP

PEEP, PEEP

PEES, SEEP

PEEWEEP, PEEWEEP

PEP, PEP

PER, REP

PETS, STEP

PIN, NIP

PINS, SNIP

PIP, PIP

PIT, TIP

PLUG, GULP

POOH, HOOP

POOL, LOOP

POOLS, SLOOP

POOP, POOP

POP, POP

PORTS, STROP

POT, TOP

POTS, STOP

PULLUP, PULLUP

PUP, PUP

PUPILS, SLIPUP

PUS, SUP

RADAR, RADAR

RAE, EAR

RAF, FAR

RAIL, LIAR

RAM, MAR

RAP, PAR

RAPS, SPAR

RAT, TAR

RATS, STAR

RAW, WAR

REBUT, TUBER

RECAP, PACER

RECAPS, SPACER

REDDER, REDDER

REDRAW, WARDER

REED, DEER

REEL, LEER

REFED, DEFER

REFER, REFER

REFLOW, WOLFER

REGAL, LAGER

REINED, DENIER

RELIT, TILER

REMAN, NAMER

REMARK, KRAMER

REMIT, TIMER

RENNET, TENNER

REP, PER

REPAID, DIAPER

REPAPER, REPAPER

REPEL, LEPER

REPINS, SNIPER

REPOT, TOPER

RETOOL, LOOTER

RETROS, SORTER

REVEL, LEVER

REVVER, REVVER

REVILED, DELIVER

REVIVER, REVIVER

REWARD, DRAWER

RID, DIR

RIME, EMIR

RON, NOR

ROOM, MOOR

ROTATOR, ROTATOR

ROTOR, ROTOR

SAAB, BAAS

SAG, GAS

SAGAS, SAGAS

SAL, LAS

SAPS, SPAS

SAW, WAS

SEEP, PEES

SEES, SEES

SEINED, DENIES

SERUTAN, NATURES

SERES, SERES

SERIF, FIRES

SETON, NOTES

SEXES, SEXES

SHAHS, SHAHS

SILOS, SOLIS

SINNED, DENNIS

SIRRAH, HARRIS

SLAG, GALS

SLAP, PALS

SLEEK, KEELS

SLEEP, PEELS

SLEETS, STEELS

SLIPUP, PUPILS

SLOOP, POOLS

SLOOPS, SPOOLS

SMART, TRAMS

SMUG, GUMS

SNAP, PANS

SNAPS, SPANS

SNIP, PINS

SNIPER, REPINS

SNIPS, SPINS

SNOOPS, SPOONS

SNUB, BUNS

SNUG, GUNS

SOD, DOS

SODA, ADOS

SOL, LOS

SOILS, SLIOS

SOLOS, SOLOS

SORE, EROS

SORTER, RETROS

SOS, SOS

SOOSOOS, SOOSOOS

SPACER, RECAPS

SPAN, NAPS

SPANS, SNAPS

SPAR, RAPS

SPAS, SAPS

SPAT, TAPS

SPAY, YAPS

SPEED, DEEPS

SPIN, NIPS

SPINS, SNIPS

SPIRTS, STRIPS

SPIT, TIPS

SPOOL, LOOPS

SPOOLS, SLOOPS

SPOONS, SNOOPS

SPORTS, STROPS

SPOT, TOPS

SPOTS, STOPS

SPRAT, TARPS

SRI, IRS

STAB, BATS

STAR, RATS

STAT, TATS

STATS, STATS

STEELS. SLEETS

STEM, METS

STEP, PETS

STETS, STETS

STEW, WETS

STINK, KNITS

STOOL, LOOTS

STOP, POTS

STOPS, SPOTS

STRAP, PARTS

STRAW, WARTS

STRESSED, DESSERTS

STRIPS, SPIRTS

STROP, PORTS

STROPS, SPORTS

STUB. BUTS

STUN, NUTS

SUB, BUS

SUEZ, ZEUS

SUNG, GNUS

SUP, PUS

SWAM. MAWS

SWAP, PAWS

SWARD, DRAWS

SWAY, YAWS

TAB, BAT

TAM, MAT

TAN, NAT

TANG, GNAT

TAO, OAT

TAP, PAT

TAPS, SPAT

TAR, RAT

TARPS, SPRAT

TAT, TAT

TATS, STAT

TEEM, MEET

TEN, NET

TENET, TENET

TENNER, RENNET

TERRET, TERRET

TIDE, EDIT

TILER, RELIT

TIM, MIT

TIME, EMIT

TIMER, REMIT

TIN, NIT

TIP, PIT

TIPS, SPIT

TIT, TIT

TNT, TNT

TOG, GOT

TON, NOT

TOOL, LOOT

TOOT, TOOT

TOP, POT

TOPED, DEPOT

TOPER, REPOT

TOPS, SPOT	VIVA, AVIV
TORT, TROT	WAC, CAW
TOT, TOT	WANG, GNAW
TRAM, MART	WAR, RAW
TRAMS, SMATR	WARD, DRAW
TRAP, PART	WARDER, REDRAW
TREBLE, ELBERT	WARTS, STRAW
TRIG, GIRT	WAS, SAW
TROT, TORT	WAY, YAW
TSE, EST	WED, DEW
TUB, BUT	WETS, STEW
TUBA, ABUT	WOLF, FLOW
TUBED, DEBUT	WOLFER, REFLOW
TUBER, REBUT	WON, NOW
TUG, GUT	WOW, WOW
TUT-TUT	X

XANAX

YAK, KAY

YAM, MAY

YAP, PAY

YAPS, SPAY

YARD, DRAY

YAW, WAY

YAWS, SWAY

ZAP, PAZ

ZEUS, SUEZ

CHAPTER II

WORDS THAT ARE THEMSELVES PALINDROMES

A	CRC	EWE
AA	DAD	EYE
AAA	DEED	GAG
ADA	DEIFIED	GIG
AHA	DEKED	HANNAH
ALA	DENNED	I
AMA	DEWED	III
ANNA	DID	KAYAK
BIB	DOD	KOOK
BOB	DUD	LEVEL
BOOB	EKE	MA'AM
CC	ERE	MADAM
CIVIC	EVE	MALAYALAM

MARRAM	PULLUP	STATS
MINIM	PUP	STETS
MOM	RACECAR	TAT
MUM	RADAR	TENET
NAN	REDDER	TERRET
NON	REPAPER	TIT
NOON	REVVER	TNT
NUN	ROTATOR	TOOT
OTTO	ROTOR	TOT
PAP	SEES	TUT-TUT
PEEP	SERES	X
WEEP	SEXES	XANAX
PIP	SHAHS	WOW
POOP	SOS	
POP	SOOSOOS	

CHAPTER III

NOUNS AND PRONOUNS

AA	BARD	CC
AAA	BAT	CRC
ADA	BATS	DAB
ADOS	BIN	DAD
ALA	BOB	DAM
AMA	BOG	DAMON
ANNA	BOOB	DEBUT
ANNAM	BUD	DECAL
APE	BUN	DEED
AVE	BUNS	DEEPS
AVON	BURG	DEER
BAAS	BUS	DEL
BAG	BUTS	DELIA
BAN	CAM	DEN

DENIER	DOS	EVE
DENIM	DRAWER	EWE
DENNIS	DRAY	EYE
DEPOT	DUD	FIRES
DEPOTS	EAR	GAL
DESSERTS	EEL	GALS
DEVIL	ELBA	GARB
DEW	ELBERT	GAS
DIAL	EMIL	GEL
DIAPER	EMIR	GEM
DIR	EPA	GIG
DIVA	ERA	GNAT
DNA	EROS	GNUS
DOD	EST	GOB
DOG	ETA	GOD
DOOM	EVA	GOLF

GRUB	KRAMER	LOOTS
GUM	LAGER	LOS
GUMS	LANA	MA
GUNS	LAP	MA'AM
GUT	LEE	MAC
HANNAH	LEG	MADAM
HARRIS	LEON	MALAYALAM
HOOP	LEPER	MAN
I	LEVER	MANNA
III	LIAR	MAP
IRS	LIEN	MARC
KAY	LIME	MARRAM
KAYAK	LOOP	MART
KEEL	LOOPS	MAT
KEELS	LOOT	MAWS
KOOK	LOOTER	MAY

MBA	NIB	PANS
METS	NIT	PAP
MINIM	NOEL	PAR
MIT	NOMAD	PART
MOM	NOON	PARTS
MOOD	NOVA	PAWS
MOOR	NUB	PEES
MUG	NUN	PEEWEEP
NAMER	NUTS	PEP
NAN	OAT	PETS
NAP	OMEN	PIN
NAPS	OTTO	PINS
NED	PACER	PIP
NEIL	PAL	PIT
NEMO	PAM	PLUG
NET	PAN	POOL

POOLS
POOP
PORTS
POT
POTS
PULLUP
PUP
PUPILS
PUS
RACECAR
RADAR
RAE
RAF
RAIL
RAM
RAT

RATS
REED
REEL
REMARK
RENNET
REP
RETROS
REVIVER
REVVER
REWARD
RIME
RON
ROOM
ROTATOR
ROTOR
SAAB

SAGAS
SAPS
SERES
SERIF
SEXES
SHAHS
SIRRAH
SLAG
SLEEP
SLIPUP
SLOOP
SOOSOOS
STOOPS
SNIP
SNIPER
SNIPS

SOD	SPOONS	STRIPS
SODA	SPORTS	STROP
SOL	SPOT	STROPS
SOLOS	SPOTS	STUB
SORTER	SPRAT	SUB
SOS	SRI	SUEZ
SPACER	STAR	SWARD
SPAN	STATS	TAB
SPANS	STEELS	TAM
SPAS	STEM	TANG
SPAT	STEP	TAO
SPEED	STETS	TAP
SPIRTS	STEW	TAPS
SPIT	STOOL	TAR
SPOOL	STRAP	TARPS
SPOOLS	STRAW	TAT

TATS	TOOL	WAR
TEN	TOP	WARD
TENET	TOPER	WARDER
TENNER	TOPS	WARTS
TERRET	TORT	WAY
TIDE	TOT	WOLF
TILER	TRAM	WOLFER
TIM	TRAMS	WOW
TIME	TRAP	X
TIMER	TREBLE	XANAX
TIN	TSE	YAK
TIP	TUB	YAM
TIPS	TUBA	YARD
TIT	TUBER	ZEUS
TNT	WAC	
TON	WANG	

CHAPTER IV

VERBS

ABUT	DEWED	GNAW
AILED	DID	GOT
AIM	DRAW	GULP
AM	DRAWS	KEEP
ARE	DUB	KNITS
ATE	EDIT	LAG
BRAG	EKE	LAID
CAW	EMIT	LAUD
CRAM	ERE	LED
DEFER	FLOG	LIVE
DEIFIED	FLOW	LIVED
DEKED	GAB	MAR
DELIVER	GAG	MEET
DENIES	GIRT	MINED

NAB	REDRAW	SAG
NIP	REFED	SAW
NIPS	REFER	SEEP
NOD	REFLOW	SEES
PAT	REINED	SEINED
PAY	RELIT	SINNED
PEEK	REMAN	SLAP
PEELS	REMIT	SLEEP
PEEP	REPAID	SLEETS
POP	REPAPER	SNAP
PULLUP	REPEL	SNAPS
RAP	REPINS	SNOOPS
RAPS	REPOT	SNUB
REBUT	REVEL	SPAR
RECAP	REVILED	SPAY
RECAPS	RID	SPIN

SPINS	SWAY	WON
STAB	TEEM	YAP
STINK	TOG	YAPS
STOP	TOOT	YAW
STOPED	TOPED	YAWS
STOPS	TROT	
STUN	TUG	
SUP	WAS	
SWAM	WED	
SWAP	WETS	

CHAPTER V

ADJECTIVES

ABLE	MUM
ABN	NAT
ANAL	REDDER
AVID	RAW
BAD	REGAL
CIVIC	SLEEK
DIM	SMART
DRAB	SMUG
DUAL	SNUG
EVIL	SORE
LACED	STRESSED
LEVEL	SNUG
MAD	TAN
MEG	TRIG
MIA	TUBED
MID	

CHAPTER VI

ADVERBS, CONJUNCTIONS, PREPOSITIONS, INTERJECTIONS

ADVERBS

FAR

NO

NOT

NOW

STAT

CONJUNCTIONS

AND

BUT

NOR

OR

PREPOSITIONS

ON

PER

INTERJECTIONS

AH

AHA

HO

HUH

POOH

TUT-TUT

VIVA

PART 2

NUMERICAL PALINDROMES

A numerical palindrome is a nonnegative integer that is the same number when read from left to right as it is when read from right to left, e. g., 31413.

How many palindromes are there with n digits?

If n is even we only have to consider the first n/2 digits because in each palindrome the second n/2 digits are the same as the first n/2 in the opposite order.

The first digit can be any one of nine digits and each of the remaining (n/2) -1 digits can be any one of ten digits. Thus the number of palindromes with n (n even) digits is nine times ten to the (n/2) - 1 or 9{10EXP[(n/2) - 1]}.

If n is odd and greater than 1 the (n - 1)/2 digits to the right of the middle digit are the same as the first (n - 1)/2 digits in the opposite order and the middle digit can be any one of ten digits. Thus the number of palindromes with n (n odd) digits is nine times ten to the (n - 1)/2 or 9[10EXP(n - 1)/2].

It is obvious that there are infinitely many numerical palindromes.

Some palindromes are prime numbers, e. g., 101 and some are not prime, e. g., 202.

There are very strong reasons for believing the conjecture that there are infinitely many prime palindromes.

Some integers have a property that I have called property j. A positive integer has property j if the product of the nonzero digits in the integer is the same as the sum of the digits in the integer, e. g. 3012.

For the composite positive number, n, that contains no prime factors greater than 10 we can construct an integer such that the product of the nonzero digits and the sum of the digits in the integer are both equal to n.

We do this by expressing n as the product of single digit factors. Then the non-zero digits in an integer we are looking for are the single digit factors (they do not have to be prime) and repeated 1's equal in number to n minus the sum of the factors.

For example, if n is 30 an integer is 235111111111111111111111. 2, 3, 5, and 30 - (2 + 3 + 5) ones. Or we could write 561111111111111111111. 5, 6, and 30 - (5 + 6) ones.

If n is 20 an integer is 4511111111111. 4 and 5 and eleven ones.

If n is 21 we get 3711111111111.

Since there are infinitely maney n's that can be used in this way to yield different integers with property j it is obvious that there are infinitely many integers that have property j.

Also we may insert arbitrarily many zeros in any order into an integer that has property j and obtain a different integer that has property j: again showing that there infinitely many integers that have property j.

Some prime numbers have property j. 2141 is an example. Whether there are infinitely many or only finitely many prime numbers that have property j is an unsolved problem.

Some palindromes have property j. Here are some examples:

12221, 1022201, 102020201, 1202021, 100222001, 120020021, 31113, 13131, 3011103, 3101013, 1031301, 1301031, 300111003, 310010013, 100313001, 130010031, 100222001 301010103, 103010301, 11112421111, 11121412111, 11211411211, 12111411121.

Since zeros may be inserted into any palindrome with property to j yield a different palindrome with property j it is clear that there are infinitely many palindromes with property j. For example, if we start with 31113 we can insert as many pairs of zeros as we please: 3011103, 300111003, 30001110003,... or if we start with 1111441111 we can insert zeros in the center: 11114041111, 111140000041111, 11114000000000041111,...

1022201 is a palindrome with property j and it is also a prime number. Is 1022201 the only prime palindrome with property j or are there more? Are there infinitely many? The reader may want to look for others. If that is the case, I have provided the palindromes with two digits through the palindromes with seven digits which the reader may find helpful in the search. The palindromes with seven digits are categorized according to the middle digit, beginning with middle digit 0 and ending with middle digit 9.

PALINDROMES WITH 2 DIGITS
AND 3 DIGITS

11	262	505	757
22	272	515	767
33	282	525	777
44	292	535	787
55		545	797
66	303	555	
77	313	565	808
88	323	575	818
99	333	585	828
	343	595	838
101	353		848
111	363	606	858
121	373	616	868
131	383	626	878
141	393	636	888
151		646	898
161	404	656	
171	414	666	909
181	424	676	919
191	434	686	929
	444	696	939
202	454		949
212	464	707	959
222	474	717	969
232	484	727	979
242	494	737	989
252		747	999

PALINDROMES WITH 4 DIGITS

1001	3333	5665	7997
1111	3443	5775	
1221	3553	5885	8008
1331	3663	5995	8118
1441	3773		8228
1551	3883	6006	8338
1661	3993	6116	8448
1771		6226	8558
1881	4004	6336	8668
1991	4114	6446	8778
	4224	6556	8888
2002	4334	6666	8998
2112	4444	6776	
2222	4554	6886	9009
2332	4664	6996	9119
2442	4774		9229
2552	4884	7007	9339
2662	4994	7117	9449
2772		7227	9559
2882	5005	7337	9669
2992	5115	7447	9779
	5225	7557	9889
3003	5335	7667	9999
3113	5445	7777	
3223	5555	7887	

PALINDROMES WITH 5 DIGITS

10001	40004	70007	10101
11011	41014	71017	11111
12021	42024	72027	12121
13031	43034	73037	13131
14041	44044	74047	14141
15051	45054	75057	15151
16061	46064	76067	16161
17071	47074	77077	17171
18081	48084	78087	18181
19091	49094	79097	19191
20002	50005	80008	20102
21012	51015	81018	21112
22022	52025	82028	22122
23032	53035	83038	23132
24042	54045	84048	24142
25052	55055	85058	25152
26062	56065	86068	26162
27072	57075	87078	27172
28082	58085	88088	28182
29092	59095	89098	29192
30003	60006	90009	30103
31013	61016	91019	31113
32023	62026	92029	32123
33033	63036	93039	33133
34043	64046	94049	34143
35053	65056	95059	35153
36063	66066	96069	36163
37073	67076	97079	37173
38083	68086	98089	38183
39093	69096	99099	39193

40004	73137	16261	49294
41114	74147	17271	
42124	75157	18281	50205
43134	76167	19291	51215
44144	77177		52225
45154	78187	20202	53235
46164	79197	21212	54245
47174		22222	55255
48184	80108	23232	56265
49194	81118	24242	57275
	82128	25252	58285
50105	83138	26262	59295
51115	84148	27272	
52152	85158	28282	60206
53135	86168	29292	61216
54145	87178		62226
55155	88188	30203	63236
56165	89198	31213	64246
57175		32223	65256
58185	90109	33233	66266
59195	91119	34243	67276
	92129	35253	68286
60106	93139	36263	69296
61116	94149	37227	
62126	95159	38283	70207
63136	96169	39293	71217
64146	97179		72227
65156	98189	40204	73237
66166	99199	41214	74247
67176		42224	75257
68186	10201	43234	76267
69196	11211	44244	77277
	12221	45254	78287
70107	13231	46264	79297
71117	14241	47274	
72127	15251	48284	80208

81218	24342	57375	90309
82228	25352	58385	91319
83238	26362	59395	92329
84248	27372		93339
85258	28382	60306	94349
86268	29392	61316	95359
87278		62326	96369
88288	30303	63336	97379
89298	31313	64346	98389
	32323	65356	99399
90209	33333	66366	
91219	34343	67376	10401
92229	35353	68386	11411
93239	36363	69396	12421
94249	37373		13431
95259	38383	70307	14441
96269	39393	71317	15451
97279		72327	16461
98289	40304	73337	17471
99299	41314	74347	18481
	42324	75357	19491
10301	43334	76367	
11311	44344	77377	20402
12321	45354	78387	21412
13331	46364	79397	22422
14341	47374		23432
15351	48384	80308	24442
16361	49394	81318	25452
17371		82328	26462
18381	50305	83338	27272
19391	51315	84348	28482
	52325	85358	29492
20302	53335	86368	
21312	54345	87378	30403
22322	55355	88388	31413
23332	56365	89398	32423

33433
34443
35453
36463
37473
38483
39493

40404
41414
42424
43434
44444
45454
46464
47474
48484
49494

50405
51415
52425
53435
54445
55455
56464
57474
58484
59494

60406
61416
62426
63436
64446
65456
66466
67476
68486
69496
70407

71417
72427
73437
74447
75457
76467
77477
78487
79497

80408
81418
82428
83438
84448
85458
86468
87478
88488
89498

90409
91419
92429
93439
94449
95459
96469
97479
98489
99499

10501
11511
12521
13531
14541
15551
16561
17571
18581
19591

20502
21512
22522
23532
24542
25552
26562
27572
28582
29592

30503
31513
32523
33533
34543
35553
36563
37573
38583
39593

40504
41514
42524
43534
44544
45554
46564
47574
48584
49594

50505
51515
52525
53535
54545
55555
56565
57575
58585
59595

60505
61516
62526
63536
64546
65556
66566
67576
68586
69596

70507
71517
72427
73537

74547	17671		82628
75557	18681	50605	83638
76567	19691	51615	84648
77577		52625	85658
78587	20602	53635	86668
79597	21612	54645	87678
	22622	55655	88688
80508	23632	56665	89698
81518	24642	57675	
82528	25652	58685	90609
83538	26662	59695	91619
84548	27672		92629
85558	28682	60606	93639
86568	29692	61616	94649
87578		62626	95659
88588	30603	63636	96669
89598	31613	64646	97679
	32623	65656	98689
90509	33633	66666	99699
91519	34643	67676	10701
92529	35653	68686	11711
93539	36663	69696	12721
94549	37673		
95559	38683	70607	13731
96569	39693	71617	14741
97579		72627	15751
98589	40604	73637	16761
99599	41614	74647	17771
	42624	75657	18781
10601	43634	76667	19791
11611	44644	77677	
12621	45654	78687	20702
13631	46664	79697	21712
14641	47674		22722
15651	48684	80608	23732
16661	49694	81618	24742

25752	58785	90709	33833
26762	59795	91719	34843
27772		92729	35853
28782	60706	93739	36863
29792	61716	94749	37873
	62726	95759	38883
30703	63736	96769	39893
31713	64746	97779	
32723	65756	98789	40804
33733	66766	99799	41814
34743	67776		42824
35753	68786	10801	43834
36763	69796	11811	44844
37773		12821	45854
38783	70707	13831	46864
39793	71717	14841	47874
	72727	15851	48884
40704	73737	16861	49894
41714	74747	17871	
42724	75757	18881	50805
43734	76767	19891	51815
44744	77777		52825
45754	78787	20802	53835
46764	79797	21812	54845
47774		22822	55855
48784	80708	23832	56865
49794	81718	24842	57875
	82728	25852	58885
50705	83738	26862	59895
51715	84748	27872	
52725	85758	28882	60806
53735	86768	29892	61816
54745	87778		62826
55755	88788	30803	63836
56765	89798	31813	64846
57775		32823	65856

66866	97879	38983	69996
67876	98889	39993	
68886	99899		70907
69896		40904	71917
	10901	41914	72927
70807	11911	42924	73937
71817	12921	43934	74947
72827	13931	44944	75957
73837	14941	45954	76967
74847	15951	46964	77977
75857	16961	47974	78987
76867	17971	48984	79997
77877	18981	49994	
78887	19991		80908
79897		50905	81918
	20902	51915	82928
80808	21912	52925	83938
81818	22922	53935	84948
82828	23932	54945	85958
83838	24942	55955	86068
84848	25952	56965	87978
85858	26962	57975	88988
86868	27972	58985	89998
87878	28982	59995	
88888	29992		90909
89898		60906	91919
	30903	61915	92929
90809	31913	62926	93939
91819	32923	63936	94949
92829	33933	64946	95959
93839	34943	65956	96969
94849	35953	66966	97979
95859	36963	67976	98989
96869	37973	68986	99999

PALINDROMES WITH 6 DIGITS

100001	130031	161161	191191
101101	131131	162261	192291
102201	132231	163361	193391
103301	133331	164461	194491
104401	134431	165561	195591
105501	135531	166661	196691
106601	136631	167761	197791
107701	137731	168861	198891
108801	138831	169961	199991
109901	139931		
		170071	200002
110011	140041	171171	201102
111111	141141	172271	202202
112211	142241	173371	203302
113311	143341	174471	204402
114411	144441	175571	205502
115511	145541	176671	206602
116611	146641	177771	207702
117711	147741	178871	208802
118811	148841	179971	209902
119911	149941		
		180081	210012
120021	150051	181181	211112
121121	151151	182281	212212
122221	152251	183381	213312
123321	153351	184481	214412
124421	154451	185581	215512
125521	155551	186681	216612
126621	156651	187781	217712
127721	157751	188881	218812
128821	158851	189981	219912
129921	159951		
	160061	190091	220022

221122	254452	287782	320023
222222	255552	288882	321123
223322	256652	289982	322223
224422	257752		323323
225522	258852	290092	324423
226622	259952	291192	325523
227722		292292	326623
228822	260062	293392	327723
229922	261162	294492	328823
	262262	295592	329923
230032	263362	296692	
231132	264462	297792	330033
232232	265562	298892	331133
233332	266662	299992	332233
234432	267762		333333
235532	268862	300003	334433
236632	269962	301103	335533
237732		302203	336633
238832	270072	303303	337733
239932	271172	304403	338833
	272272	305503	339933
240042	273372	306603	
241142	274472	307703	340043
242242	275572	308803	341143
243342	276672	309903	342243
244442	277772		343343
245542	278872	310013	344443
246642	279972	311113	345543
247742		312213	346643
248842	280082	313313	347743
249942	281182	314413	348843
	282282	315513	349943
250052	283382	316613	
251152	284482	317713	350053
252252	285582	318813	351153
253352	286682	319913	352253

353353	386683	419914	451154
354453	387783		452254
355553	388883	420024	453354
356653	389983	421124	454454
357753		422224	455554
358853	390093	423324	456654
359953	391193	424424	457754
	392293	425524	458854
360063	393393	426624	459954
361163	394493	427724	
362263	395593	428824	460064
363363	396693	429924	461164
364463	397793		462264
365563	398893	430034	463364
366663	399993	431134	464464
367763		432234	465564
368863	400004	433334	466664
369963	401104	434434	467764
	402204	435534	468864
370073	403304	436634	469964
371173	404404	437734	
372273	405504	438834	470074
373373	406604	439934	471174
374473	407704		472274
375573	408804	440044	473374
376673	409904	441144	474474
377773		442244	475574
378873	410014	443344	476674
379973	411114	444444	477774
	412214	445544	478874
380083	413314	446644	479974
381183	414414	447744	
382283	415514	448844	480084
383383	416614	449944	481184
384483	417714		482284
385593	418814	450054	483384

484484	517715	550055	583385
485584	518815	551155	584485
486684	519915	552255	585585
487784		553355	586685
488884	520025	554455	587785
489984	521125	555555	588885
	522225	556655	589985
490094	523325	557755	
491194	524425	558855	590095
492294	525525	559955	591195
493394	526625		592295
494494	527725	560065	593395
495594	528825	561165	594495
496694	529925	562265	595595
497794		563365	596695
498894	530035	564465	597795
499994	531135	565565	598895
	532235	566665	599995
500005	533335	567765	
501105	534435	568865	600006
502205	535535	569965	601106
503305	536635		602206
504405	537735	570075	603306
505505	538835	571175	604406
506605	539935	572275	605506
507705		573375	606606
508805	540045	574475	607706
509905	541145	575575	608806
	542245	576675	609906
510015	543345	577775	
511115	544445	578875	610016
512215	545545	579975	611116
513315	546645		612216
514415	547745	580085	612216
515515	548845	581185	614416
516615	549945	582285	615516

63

616616	649946	681186	714417
617716		682286	715517
618816	650056	683386	716617
619916	651156	684486	717717
	652256	685586	718817
620026	653356	686686	719917
621126	654456	687786	
622226	655556	688886	720027
623326	656656	689986	721127
624426	657756		722227
625526	658856	690096	723327
626626	659956	691196	724427
627726		692296	725527
628826	660066	693396	726627
629926	661166	694496	727727
	662266	695596	728827
630036	663366	696696	729927
631136	664466	697796	
632236	665566	698896	730037
633336	666666	699996	731137
634436	667766		732237
635536	668866	700007	733337
636636	669966	701107	734437
637736		702207	735537
638836	670076	703307	736637
639936	671176	704407	737737
	672276	705507	738837
640046	673376	706607	739937
641146	674476	707707	
642246	675576	708807	740047
643346	676676	709907	741147
644446	677776		742247
645546	678876	710017	743347
646646	679976	711117	744447
647746		712217	745547
648846	680086	713317	746647

747747	780087	813318	846648
748847	781187	814418	847748
749947	782287	815518	848848
	783387	816618	849948
750057	784487	817718	
751157	785587	818818	850058
752257	786687	819918	851158
753357	787787		852258
754457	788887	820028	853358
755557	789987	821128	854458
756657		822228	855558
757757	790097	823328	856658
758857	791197	824428	857758
759957	792297	825528	858858
	793397	826628	859958
760067	794497	827728	
761167	795597	828828	860068
762267	796697	829928	861168
763367	797797		862268
764467	798897	830038	863368
765567	799997	831138	864468
766667		832238	865568
767767	800008	833338	866668
768867	801108	834438	867768
769967	802208	835538	868868
	803308	836638	869968
770077	804408	837738	
771177	805508	838838	870078
772277	806608	839938	871178
773377	807708		872278
774477	808808	840048	873378
775577	809908	841148	874478
776677		842248	875578
777777	810018	843348	876678
778877	811118	844448	877778
779977	812218	845548	878878

879978	911119	944449	977779
	912219	945549	978879
880088	913319	946649	979979
881188	914419	947749	
882288	915519	948849	980089
883388	916619	949949	981189
884488	917719		982289
885588	918819	950059	983389
886688	919919	951159	984489
887788		952259	985589
888888	920029	953359	986689
889988	921129	954459	987789
	922229	955559	988889
890098	923329	956659	989989
891198	924429	957759	
892298	925529	958859	990099
893398	926629	959959	991199
894498	927729		992299
895598	928829	960069	993399
896698	929929	961169	994499
897798		962269	994499
898898	930039	963369	996699
899998	931139	964469	997799
	932239	965569	998899
900009	933339	966669	999999
901109	934439	967769	
902209	935539	968869	
903309	936639	969969	
904409	937739		
905509	938839	970079	
906609	939939	971179	
907709	940049	972279	
908809		973379	
909909	941149	974479	
	942249	975579	
910019	943349	976679	

PALINDROMES WITH 7 DIGITS

1000001	1300031	1600061	1900091
1010101	1310131	1610161	1910191
1020201	1320231	1620261	1920291
1030301	1330331	1630351	1930391
1040401	1340431	1640461	1940491
1050501	1350531	1650561	1950591
1060601	1360631	1660661	1960691
1070701	1370731	1670761	1970791
1080801	1380831	1680861	1980891
1090901	1390931	1690961	1990991
1100011	1400041	1700071	2000002
1110111	1410141	1710171	2010102
1120211	1420241	1720271	2020202
1130311	1430341	1730371	2030302
1140411	1440441	1740471	2040402
1150511	1450541	1750571	2050502
1160611	1460641	1760671	2060602
1170711	1470741	1770771	2070702
1180811	1480841	1780871	2080802
1190911	1490941	1790971	2090902
1200021	1500051	1800081	2100012
1210121	1510151	1810181	2110112
1220221	1520251	1820281	2120212
1230321	1530351	1830381	2130312
1240421	1540451	1840481	2140412
1250521	1550551	1850581	2150512
1260621	1560651	1860681	2160612
1270721	1570751	1870781	2170712
1280821	1580851	1880881	2180812
1290921	1590951	1890981	2190912

2200022	2530352	2860682	3190913
2210122	2540452	2870782	
2220222	2550552	2880882	3200023
2230322	2560652	2890982	3210123
2240422	2570752		3220223
2250522	2580852	2900092	3230323
2260622	2590952	2910192	3240423
2270722		2920292	3250523
2280822	2600062	2930392	3260623
2290922	2610162	2940492	3270723
	2620262	2950592	3280823
2300032	2630362	2960692	3290923
2310132	2640462	2970792	
2320232	2650562	2980892	3300033
2330332	2660662	2990992	3310133
2340432	2670762		3320233
2350532	2680862	3000003	3330333
2360632	2690962	3010103	3340433
2370732		3020203	3350533
2380832	2700072	3030303	3360633
2390932	2710172	3040403	3370733
	2720272	3050503	3380833
2400042	2730372	3060603	3390933
2410143	2740472	3070703	
2420242	2750572	3080803	3400043
2430342	2760672	3090903	3410143
2440442	2770872		3420243
2450542	2780872	3100013	3430343
2460642	2790972	3110113	3440443
2470742		3120213	3450543
2480842	2800082	3130313	3460643
2490942	2810182	3140413	3470743
	2820282	3150513	3480843
2500052	2830382	3160613	3490943
2510152	2840482	3170713	
2520252	2850582	3180813	3500053

3510153	3840483	4170714	4500054
3520253	3850583	4180814	4510154
3530353	3860683	4190914	4520254
3540653	3870783		4530354
3550753	3880883	4200024	4540454
3560853	3890983	4210124	4550554
3570753		4220224	4560654
3580853	3900093	4230324	4570754
3590953	3910193	4240424	4580854
	3920293	4250524	4590954
3600063	3930393	4260624	
3610163	3940493	4270724	4600064
3620263	3950593	4280824	4610164
3630363	3960693	4290924	4620264
3640463	3970793		4630364
3650563	3980892	4300034	4640464
3660663	3990993	4310134	4650564
3670763		4320234	4660664
3680863	4000004	4330334	4670764
3690963	4010104	4340434	4680864
	4020204	4350534	4690964
3700073	4030304	4360634	
3710173	4040404	4370734	4700074
3720273	4050504	4380834	4710174
3730373	4060604	4390034	4720274
3740473	4070704		4730374
3750573	4080804	4400044	4740474
3760673	4090904	4410144	4750574
3770773		4420244	4760674
3780873	4100014	4430344	4770774
3790073	4110114	4440444	4780874
	4120214	4450544	4790974
3800083	4130314	4460644	
3810183	4140414	4470744	4800084
3820283	4150514	4480844	4810184
3830383	4160614	4490944	4820284

4830384	5160615	5490945	5810185
4840484	5170715		5820285
4850584	5180815	5500055	5830385
4860684	5190915	5510155	5840485
4870784		5520255	5850585
4880884	5200025	5530355	5860685
4890984	5210125	5540455	5870785
	5220225	5550555	5880885
4900094	5230325	5560655	5890985
4910194	5240425	5570755	
4920294	5250525	5580855	5900095
4930394	5260625	5590955	5910195
4940494	5270725		5920295
4950594	5280825	5600065	5030395
4960694	5290925	5610165	5940495
4970794		5620265	5950595
4980894	5300035	5630365	5960695
4990994	5310135	5640465	5970795
	5320235	5650565	5980895
5000005	5330335	5660665	5990995
5010105	5340435	5670765	
5020205	5350535	5680865	6000006
5030305	5360635	5690965	6010106
5040405	5370735		6020206
5050505	5380835	5700075	6030306
5060605	5390935	5710175	6040406
5070705		5720275	6050506
5080805	5400045	5730375	6060606
5090905	5410145	5740475	6070706
	5420245	5750575	6080806
5100015	5430345	5760675	6090906
5110115	5440445	5770775	
5120215	5450545	5780875	6100016
5130315	5460645	5790975	6110116
5140415	5470745		6120216
5150515	5480845	5800085	6130316

6140416	6470746	6800086	7130317
6150516	6480846	6810186	7140417
6160616	6490946	6820286	7150517
6170716		6830386	7160617
6180816	6500056	6840486	7170717
6190916	6510156	5850586	7180817
	6520256	6860686	7190917
6200026	6530356	6870786	
6210126	6540456	6880886	7200027
6220226	6550556	6890986	7210127
6230326	6560656		7220227
6240426	6570756	6900096	7230327
6250526	6580856	6910196	7240427
6260626	6590956	6920296	7250527
6270726		6930396	7260627
6280826	6600066	6940496	7270727
6290926	6610155	6950596	7280827
	6620266	6960696	7290927
6300036	6630366	6970796	
6310136	6640466	6980896	7300037
6320236	6650566	6990996	7310137
6330336	6660666		7320237
6340436	6670766	7000007	7330337
6350536	6680866	7010107	7340437
6360636	6690966	7020207	7350537
6370736		7030307	7360637
6380836	6700076	7040407	7370737
6390936	6710176	7050507	7380837
	6720276	7060607	7390937
6400046	6730376	7070707	
6410146	6740476	7080807	7400047
6420246	6750576	7090907	7410147
6430346	6760676		7420247
6440446	6770776	7100017	7430347
6450546	6780876	7110117	7440447
6460646	6790976	7120217	7450547

7460647	7790977	8110118	8440448
7470747		8120218	8450548
7480847	7800087	8130318	8460648
7490947	7810187	8140418	8470748
	7820287	8150518	8480848
7500057	7830387	8160618	8490948
7510157	7840487	8170718	
7520257	7850587	8180818	8500058
7530357	7860687	8190918	8510158
7540457	7870787		8520258
7550557	7880887	8200028	8530358
7560657	7890987	8210128	8540458
7570757		8220228	8550558
7580857	7900097	8230328	8560658
7590957	7910197	8240428	8570758
	7920297	8250528	8580858
7600067	7930397	8260628	8590958
7610167	7940497	8270728	
7620267	7950597	8280828	8600068
7630367	7960697	8290928	8610168
7640467	7970797		8620268
7650567	7980897	8300038	8630368
7660667	7990997	8310138	8640468
7670767		8320238	8650568
7680867	8000008	8330338	8660668
7690967	8010108	8340438	8670768
	8020208	8350538	8680868
7700077	8030308	8360638	8690968
7710177	8040408	8370738	
7720277	8050508	8380838	8700078
7730377	8060608	8390938	8710178
7740477	8070708		8720278
7750577	8080808	8400048	8730378
7760677	8090908	8410148	8740478
7770777		8420248	8750578
7780877	8100018	8430348	8760678

8770778	9100019	9430349	9760679
8780878	9110119	9440449	9770779
8790978	9120219	9450549	9780879
	9130319	9460649	9790979
8800088	9140419	9470749	
8810188	9150519	9480849	9800089
8820288	9160619	9490949	9810189
8830388	9170719		9820289
8840488	9180819	9500059	9830389
8850588	9190919	9510159	9840489
8860688		9520259	9850589
8870788	9200029	9530359	9860689
8880888	9210129	9540459	9870789
8890988	9220229	9550559	9880889
	9230329	9560659	9890989
8900098	9240429	9570759	
8910198	9250529	9580859	9900099
8920298	9260629	9590959	9910199
8930398	9270729		9920299
8940498	9280829	9600059	9930399
8950598	9290929	9610169	9940499
8960698		9620269	9950599
8970798	9300039	9630369	9960699
8980898	9310139	9640469	9970799
8990998	9320239	9650569	9980899
	9330339	9660669	9990999
9000009	9340439	9670769	
9010109	9350539	9680869	
9020209	9360639	9690969	
9030309	9370739		
9040409	9380839	9700079	
9050509	9390939	9710179	
9060609		9720279	
9070709	9400049	9730379	
9080809	9410149	9740479	
9090909	9420249	9750579	

1001001	1331331	1661661	1991991
1011101	1341431	1671761	
1021201	1351531	1681861	2001002
1031301	1361631	1691961	2011102
1041401	1371731		2021202
1051501	1381831	1701071	2031302
1061601	1391931	1711171	2041402
1071701		1721271	2051502
1081801	1401041	1731371	2061602
1091901	1411141	1741171	2071702
	1421241	1751571	2081802
1101011	1431341	1761671	2091902
1111111	1441441	1771771	
1121211	1451541	1781871	2101012
1131311	1461641	1791971	2111112
1141411	1471741		2121212
1151511	1481841	1801081	2131312
1161611	1491941	1811181	2141412
1171711		1821281	2151512
1181811	1501051	1831381	2161612
1191911	1511151	1841481	2171712
	1521251	1851581	2181812
1201021	1531151	1861681	2191012
1211121	1541451	1871781	
1221221	1551551	1881881	2201022
1231321	1561651	1891981	2211122
1241421	1571751		2221222
1251521	1581851	1901091	2231322
1261621	1591951	1911191	2241422
1271721		1921291	2251522
1281821	1601061	1931391	2261622
1291921	1611161	1941491	2271722
	1621261	1951591	2281822
1301031	1631351	1961691	2291922
1311131	1641461	1971791	
1321231	1651561	1981891	2301032

2311132	2641462	2971792	3301033
2321232	2651562	2981892	3311133
2331332	2661662	2991992	3321233
2341432	2671762		3331333
2351532	2681862	3001003	3341433
2361632	2691962	3011103	3351533
2371732		3021203	3361633
2381832	2701072	3031303	3371733
2391932	2711172	3041403	3381833
	2721272	3051503	3391933
2401042	2731372	3061603	
2411143	2741472	3071703	3401043
2421242	2751572	3081803	3411143
2431342	2761672	3091903	3421243
2441442	2771872		3431343
2451542	2781872	3101013	3441443
2461642	2791972	3111113	3451543
2471742		3121213	3461643
2481842	2801082	3131313	3471743
2491942	2811182	3141413	3481843
	2821282	3151513	3491943
2501052	2831382	3161613	
2511152	2841482	3171713	3501053
2521252	2851582	3181813	3511153
2531352	2861682	3191913	3521253
2541452	2871782		3531353
2551552	2881882	3201023	3541653
2561652	2891982	3211123	3551753
2571752		3221223	3561853
2581852	2901092	3231323	3571753
2591952	2911192	3241423	3581853
	2921292	3251523	3591953
2601062	2931392	3261623	
2611162	2941492	3271723	3601063
2621262	2951592	3281823	3611163
2631362	2961692	3291923	3621263

3631363	3961193	4291924	4601064
3641463	3971793		4611164
3651563	3981892	4301034	4621264
3661663	3991993	4311134	4631364
3671763		4321234	4641464
3681863	4001004	4331334	4651564
3691963	4011104	4341434	4661664
	4021204	4351534	4671764
3701073	4031304	4361634	4681864
3711173	4041404	4371734	4691964
3721273	4051504	4381834	
3731373	4061604	4391034	4701074
3741473	4071704		4711174
3751573	4081804	4401044	4721274
3761173	4091904	4411144	4731374
3771773		4421244	4741474
3781873	4101014	4431344	4751574
3791073	4111114	4441444	4761674
	4121214	4451544	4771774
3801083	4131314	4461644	4781874
3811183	4141414	4471744	4791974
3821283	4151514	4481844	
3831383	4161614	4491944	4801084
3841483	4171714		4811184
3851583	4181814	4501054	4821284
3861683	4191914	4511154	4831384
3871783		4521254	4841484
3881883	4201024	4531354	4851584
3891983	4211124	4541454	4861684
	4221224	4551554	4871784
3901093	4231324	4561654	4881884
3911193	4241424	4571754	4891984
3921293	4251524	4581854	
3931393	4261624	4591954	4901094
3941493	4271724		4911194
3951593	4281824		4921294

76

4931394	5261625	5591955	5911195
4941494	5271725		5921295
4951594	5281825	5601065	5931395
4961694	5291925	5611165	5941495
4971794		5621265	5951595
4981894	5301035	5631365	5961695
4991994	5311135	5641465	5971795
	5321235	5651565	5981895
5001005	5331335	5661665	5991995
5011105	5341435	5671765	
5021205	5351535	5681865	6001006
5031305	5361635	5691965	6011106
5041405	5371735		6021206
5051505	5381835	5701075	6031306
5061605	5391935	5711175	6041406
5071705		5721275	6051506
5081805	5401045	5731375	6061606
5091905	5411145	5741475	6071706
	5421245	5751575	6081806
5101015	5431345	5761675	6091906
5111115	5441445	5771775	
5121215	5451545	5781875	6101016
5131315	5461645	5791975	6111116
5141415	5471745		6121216
5151515	5481845	5801085	6131316
5161615	5491945	5811185	6141416
5171715		5821285	6151116
5181815	5501055	5831385	6161616
5191915	5511155	5841485	6171716
	5521255	5851585	6181816
5201025	5531355	5861685	6191916
5211125	5541455	5871785	
5221225	5551555	5881885	6201026
5231325	5561655	5891985	6211126
5241425	5571755		6221226
5251525	5581855	5901095	6231326

6241426	6571756	6901096	7231327
6251526	6581856	6911196	7241427
6261626	6591956	6921296	7251527
6271726		6931396	7261627
6281826	6601066	6941496	7271727
6291926	6611155	6951596	7281827
	6621266	6961696	7291927
6301036	6631366	6971796	
6311136	6641466	6981896	7301037
6321236	6651566	6991996	7311137
6331336	6661666		7321237
6341436	6671766	7001007	7331337
6351536	6681866	7011107	7341437
6361636	6691966	7021207	7351537
6371736		7031307	7361637
6381836	6701076	7041407	7371737
6391936	6711176	7051507	7381837
	6721276	7061607	7391937
6401046	6731376	7071707	
6411146	6741476	7081807	7401047
6421246	6751576	7091907	7411147
6431346	6761676		7421247
6441446	6771776	7101017	7431347
6451546	6781876	7111117	7441447
6461646	6791976	7121217	7451547
6471746		7131317	7461647
6481846	6801086	7141417	7471747
6491946	6811186	7151517	7481847
	6821286	7161617	7491947
6501056	6831386	7171717	
6511156	6841486	7181817	7501057
6521256	5851586	7191917	7511157
6531356	6861686		7521257
6541456	6871786	7201027	7531357
6551556	6881886	7211127	7541457
6561656	6891986	7221227	7551557

7561657	7891987	8201028	8531358
7571757		8211128	8541458
7581857	7901097	8221228	8551558
7591957	7911197	8231328	8561658
	7921297	8241428	8571758
7601067	7931397	8251528	8581858
7611167	7941497	8261628	8591958
7621267	7951597	8271728	
7631367	7961697	8281828	8601068
7641467	7971797	8291928	8611168
7651567	7981897		8621268
7661667	7991997	8301038	8631368
7671767		8311138	8641468
7681867	8001008	8321238	8651568
7691967	8011108	8331338	8661668
	8021208	8341438	8671768
7701077	8031308	8351538	8681868
7711177	8041408	8361638	8691968
7721277	8051508	8371738	
7731377	8061608	8381838	8701078
7741477	8071708	8391938	8711178
7751577	8081808		8721278
7761677	8091908	8401048	8731378
7771777		8411148	8741478
7781877	8101018	8421248	8751578
7791977	8111118	8431348	8761678
	8121218	8441448	8771778
7801087	8131318	8451548	8781878
7811187	8141418	8461648	8791978
7821287	8151518	8471748	
7831387	8161618	8481848	8801088
7841487	8171718	8491948	8811188
7851587	8181818		8821288
7861687	8191918	8501058	8831388
7871787		8511158	8841488
7881887		8521258	8851588

8861688	9191919	9511159	9841489
8871788		9521259	9851589
8881888	9201029	9531359	9861689
8891988	9211129	9541459	9871789
	9221229	9551559	9881889
8901098	9231329	9561659	9891989
8911198	9241429	9571759	
8921298	9251529	9581859	9901099
8931398	9261629	9591959	9911199
8941498	9271729		9921299
8951598	9281829	9601059	9931399
8961698	9291929	9611169	9941499
8971798		9621269	9951599
8981898	9301039	9631369	9961699
8991998	9311139	9641469	9971799
	9321239	9651569	9981899
9001009	9331339	9661669	9991999
9011109	9341439	9671769	
9021209	9351539	9681869	
9031309	9361639	9691969	
9041409	9371739		
9051509	9381839	9701079	
9061609	9391939	9711179	
9071709		9721279	
9081809	9401049	9731379	
9091909	9411149	9741479	
	9421249	9751579	
9101019	9431349	9761679	
9111119	9441449	9771779	
9121219	9451549	9781879	
9131319	9461649	9791979	
9141419	9471749		
9151519	9481849	9801089	
9161619	9491949	9811189	
9171719		9821289	
9181819	9501059	9831389	

1002001	1332331	1662661	1992991
1012101	1342431	1672761	2002002
1022201	1352531	1682861	2012102
1032301	1362631	1692961	2022202
1042401	1372731		2032302
1052501	1382831	1702071	2042402
1062601	1392931	1712171	2052502
1072701		1722271	2062602
1082801	1402041	1732371	2072702
1092901	1412141	1742471	2082802
	1422241	1752571	2092902
1102011	1432341	1762671	
1112111	1442441	1772771	2102012
1122211	1452541	1782871	2112112
1132311	1462641	1792971	2122212
1142411	1472741		2132312
1152511	1482841	1802081	2142412
1162611	1492941	1812181	2152512
1172711		1822281	2162612
1182811	1502051	1832381	2172712
1192911	1512151	1842481	2182812
	1522251	1852581	2192912
1202021	1532351	1862681	
1212121	1542451	1872781	2202022
1222221	1552551	1882881	2212122
1232321	1562651	1892981	2222222
1242421	1572751		2232322
1252521	1582851	1902091	2242422
1262621	1592951	1912191	2252522
1272721		1922291	2262622
1282821	1602061	1932391	2272722
1292921	1612161	1942491	2282822
	1622261	1952591	2292922
1302031	1632351	1962691	
1312131	1642461	1972791	2302032
1322231	1652561	1982891	2312132

2322232	2652562	2982892	3302033
2332332	2662662	2992992	3312133
2342432	2672762		3322233
2352532	2682862	3002003	3332333
2362632	2692962	3012103	3342433
2372732		3022203	3352533
2382832	2702072	3032303	3362633
2392932	2712172	3042403	3372733
	2722272	3052503	3382833
2402042	2732372	3062603	3392933
2412143	2742472	3072703	
2422242	2752572	3082803	3402043
2432342	2762672	3092903	3412143
2442442	2772872		3422243
2452542	2782872	3102013	3432343
2462642	2792972	3112113	3442443
2472742		3122213	3452543
2482842	2802082	3132313	3462643
2492942	2812182	3142413	3472743
	2822282	3152513	3482843
2502052	2832382	3162613	3492943
2512152	2842482	3172713	
2522252	2852582	3182813	3502053
2532352	2862682	3192913	3512153
2542452	2872782		3522253
2552552	2882882	3202023	3532353
2562652	2892982	3212123	3542653
2572752		3222223	3552753
2582852	2902092	3232323	3562853
2592952	2912192	3242423	3572753
	2922292	3252523	3582853
2602062	2932392	3262623	3592953
2612162	2942492	3272723	
2622262	2952592	3282823	3602063
2632362	2962692	3292923	3612163
2644462	2972792		3622263

82

3632363	3962693	4292924	4602064
3642463	3972793		4612164
3652563	3982892	4302034	4622264
3662663	3992993	4312134	4632364
3672763		4322234	4642464
3682863	4002004	4332334	4652564
3692963	4012104	4342434	4662664
	4022204	4352534	4672764
3702073	4032304	4362634	4682864
3712173	4042404	4372734	4692964
3722273	4052504	4382834	
3732373	4062604	4392034	4702074
3742473	4072704		4712174
3752573	4082804	4402044	4722274
3762673	4092904	4412144	4732374
3772773		4422244	4742474
3782873	4102014	4432344	4752574
3792973	4112114	4442444	4762674
	4122214	4452544	4772774
3802083	4132314	4462644	4782874
3812183	4142414	4472744	4792974
3822283	4152514	4482844	
3832383	4162614	4492944	4802084
3842483	4172714		4812184
3852583	4182814	4502054	4822284
3862683	4192914	4512154	4832384
3872783		4522254	4842484
3882883	4202024	4532354	4852584
3892983	4212124	4542454	4862684
	4222224	4552554	4872784
3902093	4232324	4562654	4882884
3912193	4242424	4572754	4892984
3922293	4252524	4582854	
3932393	4262624	4592954	4902094
3942493	4272724		4912194
3952593	4282824		4922294

4932394	5262625	5592955	5922295
4942494	5272725	5602065	5032395
4952594	5282825	5612165	5942495
4962694	5292925	5622265	5952595
4972794		5632365	5962695
4982894	5302035	5642465	5972795
4992994	5312135	5652565	5982895
	5322235	5662665	5992995
5002005	5332335	5672765	
5012105	5342435	5682865	6002006
5022205	5352535	5692965	6012106
5032305	5362635		6022206
5042405	5372735	5702075	6032306
5052505	5382835	5712175	6042406
5062605	5392935	5722275	6052506
5072705		5732375	6062606
5082805	5402045	5742475	6072706
5092905	5412145	5752575	6082806
	5422245	5762675	6092906
5102015	5432345	5772775	
5112115	5442445	5782875	6102016
5122215	5452545	5792975	6112116
5132315	5462645		6122216
5142415	5472745	5802085	6132316
5152515	5482845	5812185	6142416
5162615	5492945	5822285	6152516
5172715		5832385	6162616
5182815	5502055	5842485	6172716
5192915	5512155	5852585	6182816
	5522255	5862685	6192916
5202025	5532355	5872785	
5212125	5542455	5882885	6202026
5222225	5552555	5892985	6212126
5232325	5562655		6222226
5242425	5572755	5902095	6232326
5252525	5582855	5912195	6242426

6252526	6582856	6902096	7232327
6262626	6592956	6912196	7242427
6272726		6922296	7252527
6282826	6602066	6932396	7262627
6292926	6612155	6942496	7272727
	6622266	6952596	7282827
6302036	6632366	6962696	7292927
6312136	6642466	6972796	
6322236	6652566	6982896	7302037
6332336	6662666	6992996	7312137
6342436	6672766		7322237
6352536	6682866	7002007	7332337
6362636	6692966	7012107	7342437
6372736		7022207	7352537
6382836	6702076	7032307	7362637
6392936	6712176	7042407	7372737
	6722276	7052507	7382837
6402046	6732376	7062607	7392937
6412146	6742476	7072707	
6422246	6752576	7082807	7402047
6432346	6762676	7092907	7412147
6442446	6772776		7422247
6452546	6782876	7102017	7432347
6462646	6792976	7112117	7442447
6472746		7122217	7452547
6482846	6802086	7132317	7462647
6492946	6812186	7142417	7472747
	6822286	7152517	7482847
6502056	6832386	7162617	7492947
6512156	6842486	7172717	
6522256	5852586	7182817	7502057
6532356	6862686	7192917	7512157
6542456	6872786		7522257
6552556	6882886	7202027	7532357
6562656	6892986	7212127	7542457
6572756		7222227	7552557

7562657	7892987	8212128	8542458
7572757		8222228	8552558
7582857	7902097	8232328	8562658
7592957	7912197	8242428	8572758
	7922297	8252528	8582858
7602067	7932397	8262628	8592958
7612167	7942497	8272728	
7622267	7952597	8282828	8602068
7632367	7962697	8292928	8612168
7642467	7972797		8622268
7652567	7982897	8302038	8632368
7662667	7992997	8312138	8642468
7672767		8322238	8652568
7682867	8002008	8332338	8662668
7692967	8012108	8342438	8672768
	8022208	8352538	8682868
7702077	8032308	8362638	8692968
7712177	8042408	8372738	
7722277	8052508	8382838	8702078
7732377	8062608	8392938	8712178
7742477	8072708		8722278
7752577	8082808	8402048	8732378
7762677	8092908	8412148	8742478
7772777		8422248	8752578
7782877	8102018	8432348	8762678
7792977	8112118	8442448	8772778
	8122218	8452548	8782878
7802087	8132318	8462648	8792978
7812187	8142418	8472748	
7822287	8152518	8482848	8802088
7832387	8162618	8492948	8812188
7842487	8172718		8822288
7852587	8182818	8502058	8832388
7862687	8192918	8512158	8842488
7872787		8522258	8852588
7882887	8202028	8532358	8862688

8872788	9202029	9532359	9862689
8882888	9212129	9542459	9872789
8892988	9222229	9552559	9882889
	9232329	9562659	9892989
8902098	9242429	9572759	
8912198	9252529	9582859	9902099
8922298	9262629	9592959	9912199
8932398	9272729		9922299
8942498	9282829	9602059	9932399
8952598	9292929	9612169	9942499
8962698		9622269	9952599
8972798	9302039	9632369	9962699
8982898	9312139	9642469	9972799
8992998	9322239	9652569	9982899
	9332339	9662669	9992999
9002009	9342439	9672769	
9012109	9352539	9682869	
9022209	9362639	9692969	
9032309	9372739		
9042409	9382839	9702079	
9052509	9392939	9712179	
9062609		9722279	
9072709	9402049	9732379	
9082809	9412149	9742479	
9092909	9422249	9752579	
	9432349	9762679	
9102019	9442449	9772779	
9112119	9452549	9782879	
9122219	9462649	9792979	
9132319	9472749		
9142419	9482849	9802089	
9152519	9492949	9812189	
9162619		9822289	
9172719	9502059	9832389	
9182819	9512159	9842489	
9192919	9522259	9852589	

1003001	1333331	1663661	1993991
1013101	1343431	1673761	
1023201	1353531	1683861	2003002
1033301	1363631	1693961	2013102
1043401	1373731		2023202
1053501	1383831	1703071	2033302
1063601	1393931	1713171	2043402
1073701		1723271	2053502
1083801	1403041	1733371	2063602
1093901	1413141	1743471	2073702
	1423241	1753571	2083802
1103011	1433341	1763671	2093902
1113111	1443441	1773771	
1123211	1453541	1783871	2103012
1133311	1463641	1793971	2113112
1143411	1473741		2123212
1153511	1483841	1803081	2133312
1163611	1493941	1813181	2143412
1173711		1823281	2153512
1183811	1503051	1833381	2163612
1193911	1513151	1843481	2173712
	1523251	1853581	2183812
1203021	1533351	1863681	2193012
1213121	1543451	1873781	
1223221	1553551	1883881	2203022
1233321	1563651	1893981	2213122
1243421	1573751		2223222
1253521	1583851	1903091	2233322
1263621	1593951	1913191	2243422
1273721		1923291	2253522
1283821	1603061	1933391	2263622
1293921	1613161	1943491	2273722
	1623261	1953591	2283822
1303031	1633351	1963691	2293922
1313131	1643461	1973791	
1323231	1653561	1983891	2303032

2313132	2643462	2973792	3303033
2323232	2653562	2983892	3313133
2333332	2663662	2993992	3323233
2343432	2673762		3333333
2353532	2683862	3003003	3343433
2363632	2693962	3013103	3353533
2373732		3023203	3363633
2383832	2703072	3033303	3373733
2393932	2713172	3043403	3383833
	2723272	3053503	3393933
2403042	2733372	3063603	
2413143	2743472	3073703	3403043
2423242	2753572	3083803	3413143
2433342	2763672	3093903	3423243
2443442	2773872		3433343
2453542	2783872	3103013	3443443
2463642	2793972	3113113	3453543
2473742		3123213	3463643
2483842	2803082	3133313	3473743
2493942	2813182	3143413	3483843
	2823282	3153513	3493943
2503052	2833382	3163613	
2513152	2843482	3173713	3503053
2523252	2853582	3183813	3513153
2533352	2863682	3193913	3523253
2543452	2873782		3533353
2553552	2883882	3203023	3543653
2563652	2893982	3213123	3553753
2573752		3223223	3563853
2583852	2903092	3233323	3573753
2593952	2913192	3243423	3583853
	2923292	3253523	3593953
2603062	2933392	3263623	
2613162	2943492	3273723	3603063
2623262	2953592	3283823	3613163
2633362	2963692	3293923	3623263

3633363	3963693	4293924	4613164
3643463	3973793		4623264
3653563	3983892	4303034	4633364
3663663	3993993	4313134	4643464
3673763		4323234	4653564
3683863	4003004	4333334	4663664
3693963	4013104	4343434	4673764
	4023204	4353534	4683864
3703073	4033304	4363634	4693964
3713173	4043404	4373734	
3723273	4050504	4383834	4703074
3733373	4063604	4393034	4713174
3743473	4073704		4723274
3753573	4083804	4403044	4733374
3763673	4093904	4413144	4743474
3773773		4423244	4753574
3783873	4103014	4433344	4763674
3793073	4113114	4443444	4773774
	4123214	4453544	4783874
3803083	4133314	4463644	4793974
3813183	4143414	4473744	
3823283	4153514	4483844	4803084
3833383	4163614	4493944	4813184
3843483	4173714		4823284
3853583	4183814	4503054	4833384
3863683	4193914	4513154	4843484
3873783		4523254	4853584
3883883	4203024	4533354	4863684
3893983	4213124	4543454	4873784
	4223224	4553554	4883884
3903093	4233324	4563654	4893984
3913193	4243424	4573754	
3923293	4253524	4583854	4903094
3933393	4263624	4593954	4913194
3943493	4273724		4923294
3953593	4283824	4603064	4933394

4943494	5273725	5603065	5933395
4953594	5283825	5613165	5943495
4963694	5293925	5623265	5953595
4973794		5633365	5963695
4983894	5303035	5643465	5973795
4993994	5313135	5653565	5983895
	5323235	5663665	5993995
5003005	5333335	5673765	
5013105	5343435	5683865	6003006
5023205	5353535	5693965	6013106
5033305	5363635		6023206
5043405	5373735	5703075	6033306
5053505	5383835	5713175	6043406
5063605	5393935	5723275	6053506
5073705		5733375	6063606
5083805	5403045	5743475	6073706
5093905	5413145	5753575	6083806
	5423245	5763675	6093906
5103015	5433345	5773775	
5113115	5443445	5783875	6103016
5123215	5453545	5793975	6113116
5133315	5463645		6123216
5143415	5473745	5803085	6133316
5153515	5483845	5813185	6143416
5163615	5493945	5823285	6153516
5173715		5833385	6163616
5183815	5503055	5843485	6173716
5193915	5513155	5853585	6183816
	5523255	5863685	6193916
5203025	5533355	5873785	
5213125	5543455	5883885	6203026
5223225	5553555	5893985	6213126
5233325	5563655		6223226
5243425	5573755	5903095	6233326
5253525	5583855	5913195	6243426
5263625	5593955	5923295	6253526

6263626	6593956	6913196	7243427
6273726		6923296	7253527
6283826	6603066	6933396	7263627
6293926	6613155	6943496	7273727
	6623266	6953596	7283827
6303036	6633366	6963696	7293927
6313136	6643466	6973796	
6323236	6653566	6983896	7303037
6333336	6663666	6993996	7313137
6343436	6673766		7323237
6353536	6683866	7003007	7333337
6363636	6693966	7013107	7343437
6373736		7023207	7353537
6383836	6703076	7033307	7363637
6393936	6713176	7043407	7373737
	6723276	7053507	7383837
6403046	6733376	7063607	7393937
6413146	6743476	7073707	
6423246	6753576	7083807	7403047
6433346	6763676	7093907	7413147
6443446	6773776		7423247
6453546	6783876	7103017	7433347
6463646	6793976	7113117	7443447
6473746		7123217	7453547
6483846	6803086	7133317	7463647
6493946	6813186	7143417	7473747
	6823286	7153517	7483847
6503056	6833386	7163617	7493947
6513156	6843486	7173717	
6523256	5853586	7183817	7503057
6533356	6863686	7193917	7513157
6543456	6873786		7523257
6553556	6883886	7203027	7533357
6563656	6893986	7213127	7543457
6573756		7223227	7553557
6583856	6903096	7233327	7563657

7573757	7903097	8233328	8563658
7583857	7913197	8243428	8573758
7593957	7923297	8253528	8583858
	7933397	8263628	8593958
7603067	7943497	8273728	
7613167	7953597	8283828	8603068
7623267	7963697	8293928	8613168
7633367	7973797		8623268
7643467	7983897	8303038	8633368
7653567	7993997	8313138	8643468
7663667		8323238	8653568
7673767	8003008	8333338	8663668
7683867	8013108	8343438	8673768
7693967	8023208	8353538	8683868
	8033308	8363638	8693968
7703077	8043408	8373738	
7713177	8053508	8383838	8703078
7723277	8063608	8393938	8713178
7733377	8073708		8723278
7743477	8083808	8403048	8733378
7753577	8093908	8413148	8743478
7763677		8423248	8753578
7773777	8103018	8433348	8763678
7783877	8113118	8443448	8773778
7793977	8123218	8453548	8783878
	8133318	8463648	8793978
7803087	8143418	8473748	
7813187	8153518	8483848	8803088
7823287	8163618	8493948	8813188
7833387	8173718		8823288
7843487	8183818	8503058	8833388
7853587	8193918	8513158	8843488
7863687		8523258	8853588
7873787	8203028	8533358	8863688
7883887	8213128	8543458	8873788
7893987	8223228	8553558	8883888

8893988	9213129	9543459	9873789
	9223229	9553559	9883889
8903098	9233329	9563659	9893989
8913198	9243429	9573759	
8923298	9253529	9583859	9903099
8933398	9263629	9593959	9913199
8943498	9273729		9923299
8953598	9283829	9603059	9933399
8963698	9293929	9613169	9943499
8973798		9623269	9953599
8983898	9303039	9633369	9963699
8993998	9313139	9643469	9973799
	9323239	9653569	9983899
9003009	9333339	9663669	9993999
9013109	9343439	9673769	
9023209	9353539	9683869	
9033309	9363639	9693969	
9043409	9373739		
9053509	9383839	9703079	
9063609	9393939	9713179	
9073709		9723279	
9083809	9403049	9733379	
9093909	9413149	9743479	
	9423249	9753579	
9103019	9433349	9763679	
9113119	9443449	9773779	
9123219	9453549	9783879	
9133319	9463649	9793979	
9143419	9473749		
9153519	9483849	9803089	
9163619	9493949	9813189	
9173719		9823289	
9183819	9503059	9833389	
9193919	9513159	9843489	
	9523259	9853589	
9203029	9533359	9863689	

1004001	1334331	1664661	1994991
1014101	1344431	1674761	
1024201	1354531	1684861	2004002
1034301	1364631	1694961	2014102
1044401	1374731		2024202
1054501	1384831	1704071	2034302
1064601	1394931	1714171	2044402
1074701		1724271	2054502
1084801	1404041	1734371	2064602
1094901	1414141	1744471	2074702
	1424241	1754571	2084802
1104011	1434341	1764671	2094902
1114111	1444441	1774771	
1124211	1454541	1784871	2104012
1134311	1464641	1794971	2114112
1144411	1474741		2124212
1154511	1484841	1804081	2134312
1164611	1494941	1814181	2144412
1174711		1824281	2154512
1184811	1504051	1834381	2164612
1194911	1514151	1844481	2174712
	1524251	1854581	2184812
1204021	1534351	1864681	2194012
1214121	1544451	1874781	
1224221	1554551	1884881	2204022
1234321	1564651	1894981	2214122
1244421	1574751		2224222
1254521	1584851	1904091	2234322
1264621	1594951	1914191	2244422
1274721		1924291	2254522
1284821	1604061	1934391	2264622
1294921	1614161	1944491	2274722
	1624261	1954591	2284822
1304031	1634351	1964691	2294922
1314131	1644461	1974791	
1324231	1654561	1984891	2304032

2314132	2644462	2974792	3304033
2324232	2654562	2984892	3314133
2334332	2664662	2994992	3324233
2344432	2674762		3334333
2354532	2684862	3004003	3344433
2364632	2694962	3014103	3354533
2374732		3024203	3364633
2384832	2704072	3034303	3374733
2394932	2714172	3044403	3384833
	2724272	3054503	3394933
2404042	2734372	3064603	
2414143	2744472	3074703	3404043
2424242	2754572	3084803	3414143
2434342	2764672	3094903	3424243
2444442	2774872		3434343
2454542	2784872	3104013	3444443
2464642	2794972	3114113	3454543
2474742		3124213	3464643
2484842	2804082	3134313	3474743
2494942	2814182	3144413	3484843
	2824282	3154513	3494943
2504052	2834382	3164613	
2514152	2844482	3174713	3504053
2524252	2854582	3184813	3514153
2534352	2864682	3194913	3524253
2544452	2874782		3534353
2554552	2884882	3204023	3544653
2564652	2894982	3214123	3554753
2574752		3224223	3564853
2584852	2904092	3234323	3574753
2594952	2914192	3244423	3584853
	2924292	3254523	3594953
2604062	2934392	3264623	
2614162	2944492	3274723	3604063
2624262	2954592	3284823	3614163
2634362	2964692	3294923	3624263

3634363	3964693	4294924	4614164
3644463	3974793		4624264
3654563	3984892	4304034	4634364
3664663	3994993	4314134	4644464
3674763		4324234	4654564
3684863	4004004	4334334	4664664
3694963	4014104	4344434	4674764
	4024204	4354534	4684864
3704073	4034304	4364634	4694964
3714173	4044404	4374734	
3724273	4054504	4384834	4704074
3734373	4064604	4394034	4714174
3744473	4074704		4724274
3754573	4084804	4404044	4734374
3764673	4094904	4414144	4744474
3774773		4424244	4754574
3784873	4104014	4434344	4764674
3794073	4114114	4444444	4774774
	4124214	4454544	4784874
3804083	4134314	4464644	4794974
3814183	4144414	4474744	
3824283	4154514	4484844	4804084
3834383	4164614	4494944	4814184
3844483	4174714		4824284
3854583	4184814	4504054	4834384
3864683	4194914	4514154	4844484
3874783		4524254	4854584
3884883	4204024	4534354	4864684
3894983	4214124	4544454	4874784
	4224224	4554554	4884884
3904093	4234324	4564654	4894984
3914193	4244424	4574754	
3924293	4254524	4584854	4904094
3934393	4264624	4594954	4914194
3944493	4274724		4924294
3954593	4284824	4604064	4934394

4944494	5274725	5604065	5934395
4954594	5284825	5614165	5944495
4964694	5294925	5624265	5954595
4974794		5634365	5964695
4984894	5304035	5644465	5974795
4994994	5314135	5654565	5984895
	5324235	5664665	5994995
5004005	5334335	5674765	
5014105	5344435	5684865	6004006
5024205	5354535	5694965	6014106
5034305	5364635		6024206
5044405	5374735	5704075	6034306
5054505	5384835	5714175	6044406
5064605	5394935	5724275	6054506
5074705		5734375	6064606
5084805	5404045	5744475	6074706
5094905	5414145	5754575	6084806
	5424245	5764675	6094906
5104015	5434345	5774775	
5114115	5444445	5784875	6104016
5124215	5454545	5794975	6114116
5134315	5464645		6124216
5144415	5474745	5804085	6134316
5154515	5484845	5814185	6144416
5164615	5494945	5824285	6154516
5174715		5834385	6164616
5184815	5504055	5844485	6174716
5194915	5514155	5854585	6184816
	5524255	5864685	6194916
5204025	5534355	5874785	
5214125	5544455	5884885	6204026
5224225	5554555	5894985	6214126
5234325	5564655		6224226
5244425	5574755	5904095	6234326
5254525	5584855	5914195	6244426
5264625	5594955	5924295	6254526

6264626	6594956	6914196	7244427
6274726		6924296	7254527
6284826	6604066	6934396	7264627
6294926	6614155	6944496	7274727
	6624266	6954596	7284827
6304036	6634366	6964696	7294927
6314136	6644466	6974796	
6324236	6654566	6984896	7304037
6333336	6664666	6994996	7314137
6344436	6674766		7324237
6354536	6684866	7004007	7334337
6364636	6694966	7014107	7344437
6374736		7024207	7354537
6384836	6704076	7034307	7364637
6394936	6714176	7044407	7374737
	6724276	7054507	7384837
6404046	6734376	7064607	7394937
6414146	6744476	7074707	
6424246	6754576	7084807	7404047
6434346	6764676	7094907	7414147
6444446	6774776		7424247
6454546	6784876	7104017	7434347
6464646	6794976	7114117	7444447
6474746		7124217	7454547
6484846	6804086	7134317	7464647
6494946	6814186	7144417	7474747
	6824286	7154517	7484847
6504056	6834386	7164617	7494947
6514156	6844486	7174717	
6524256	5854586	7184817	7504057
6534356	6864686	7194917	7514157
6544456	6874786		7524257
6554556	6884886	7204027	7534357
6564656	6894986	7214127	7544457
6574756		7224227	7554557
6584856	6904096	7234327	7564657

7574757	7904097	8234328	8564658
7584857	7914197	8244428	8574758
7594957	7924297	8254528	8584858
	7934397	8264628	8594958
7604067	7944497	8274728	
7614167	7954597	8284828	8604068
7624267	7964697	8294928	8614168
7634367	7974797		8624268
7644467	7984897	8304038	8634368
7654567	7994997	8314138	8644468
7664667		8324238	8654568
7674767	8004008	8334338	8664668
7684867	8014108	8344438	8674768
7694967	8024208	8354538	8684868
	8034308	8364638	8694968
7704077	8044408	8374738	
7714177	8054508	8384838	8704078
7724277	8064608	8394938	8714178
7734377	8074708		8724278
7744477	8084808	8404048	8734378
7754577	8094908	8414148	8744478
7764677		8424248	8754578
7774777	8104018	8434348	8764678
7784877	8114118	8444448	8774778
7794977	8124218	8454548	8784878
	8134318	8464648	8794978
7804087	8144418	8474748	
7814187	8154518	8484848	8804088
7824287	8164618	8494948	8814188
7834387	8174718		8824288
7844487	8184818	8504058	8834388
7854587	8194918	8514158	8844488
7864687		8524258	8854588
7874787	8204028	8534358	8864688
7884887	8214128	8544458	8874788
7894987	8224228	8554558	8884888

8894988	9214129	9544459	9874789
	9224229	9554559	9884889
8904098	9234329	9564659	9894989
8914198	9244429	9574759	
8924298	9254529	9584859	9904099
8934398	9264629	9594959	9914199
8944498	9274729		9924299
8954598	9284829	9604059	9934399
8964698	9294929	9614169	9944499
8974798		9624269	9954599
8984898	9304039	9634369	9964699
8994998	9314139	9644469	9974799
	9324239	9654569	9984899
9004009	9334339	9664669	9994999
9014109	9344439	9674769	
9024209	9354539	9684869	
9034309	9364639	9694969	
9044409	9374739		
9054509	9384839	9704079	
9064609	9394939	9714179	
9074709		9724279	
9084809	9404049	9734379	
9094909	9414149	9744479	
	9424249	9754579	
9104019	9434349	9764679	
9114119	9444449	9774779	
9124219	9454549	9784879	
9134319	9464649	9794979	
9144419	9474749		
9154519	9484849	9804089	
9164619	9494949	9814189	
9174719		9824289	
9184819	9504059	9834389	
9194919	9514159	9844489	
	9524259	9854589	
9204029	9534359	9864689	

1005001	1335331	1665661	1995991
1015101	1345431	1675761	
1025201	1355531	1685861	2005002
1035301	1365631	1695961	2015102
1045401	1375731		2025202
1055501	1385831	1705071	2035302
1065601	1395931	1715171	2045402
1075701		1725271	2055502
1085801	1405041	1735371	2065602
1095901	1415141	1745471	2075702
	1425241	1755571	2085802
1105011	1435341	1765671	2095902
1115111	1445441	1775771	
1125211	1455541	1785871	2105012
1135311	1465641	1795971	2115112
1145411	1475741		2125212
1155511	1485841	1805081	2135312
1165611	1495941	1815181	2145412
1175711		1825281	2155512
1185811	1505051	1835381	2165612
1195911	1515151	1845481	2175712
	1525251	1855581	2185812
1205021	1535351	1865681	2195912
1215121	1545451	1875781	
1225221	1555551	1885881	2205022
1235321	1565651	1895981	2215122
1245421	1575751		2225222
1255521	1585851	1905091	2235322
1265621	1595951	1915191	2245422
1275721		1925291	2255522
1285821	1605061	1935391	2265622
1295921	1615161	1945491	2275722
	1625261	1955591	2285822
1305031	1635351	1965691	2295922
1315131	1645461	1975791	
1325231	1655561	1985891	2305032

2315132	2645462	2975792	3305033
2325232	2655562	2985892	3315133
2335332	2665662	2995992	3325233
2345432	2675762		3335333
2355532	2685862	3005003	3345433
2365632	2695962	3015103	3355533
2375732		3025203	3365633
2385832	2705072	3035303	3375733
2395932	2715172	3045403	3385833
	2725272	3055503	3395933
2405042	2735372	3065603	
2415143	2745472	3075703	3405043
2425242	2755572	3085803	3415143
2435342	2765672	3095903	3425243
2445442	2775872		3435343
2455542	2785872	3105013	3445443
2465642	2795972	3115113	3455543
2475742		3125213	3465643
2485842	2805082	3135313	3475743
2495942	2815182	3145413	3485843
	2825282	3155513	3495943
2505052	2835382	3165613	
2515152	2845482	3175713	3505053
2525252	2855582	3185813	3515153
2535352	2865682	3195913	3525253
2545452	2875782		3535353
2555552	2885882	3205023	3545653
2565652	2895982	3215123	3555753
2575752		3225223	3565853
2585852	2905092	3235323	3575753
2595952	2915192	3245423	3585853
	2925292	3255523	3595953
2605062	2935392	3265623	
2615162	2945492	3275723	3605063
2625262	2955592	3285823	3615163
2635362	2965692	3295923	3625263

3635363	3965693	4295924	4615164
3645463	3975793		4625264
3655563	3985892	4305034	4635364
3665663	3995993	4315134	4645464
3675763		4325234	4655564
3685863	4005004	4335334	4665664
3695963	4015104	4345434	4675764
	4025204	4355534	4685864
3705073	4035304	4365634	4695964
3715173	4045404	4375734	
3725273	4055504	4385834	4705074
3735373	4065604	4395034	4715174
3745473	4075704		4725274
3755573	4085804	4405044	4735374
3765673	4095904	4415144	4745474
3775773		4425244	4755574
3785873	4105014	4435344	4765674
3795073	4115114	4445444	4775774
	4125214	4455544	4785874
3805083	4135314	4465644	4795974
3815183	4145414	4475744	
3825283	4155514	4485844	4805084
3835383	4165614	4495944	4815184
3845483	4175714		4825284
3855583	4185814	4505054	4835384
3865683	4195914	4515154	4845484
3875783		4525254	4855584
3885883	4205024	4535354	4865684
3895983	4215124	4545454	4875784
	4225224	4555554	4885884
3905093	4235324	4565654	4895984
3915193	4245424	4575754	
3925293	4255524	4585854	4905094
3935393	4265624	4595954	4915194
3945493	4275724		4925294
3955593	4285824	4605064	4935394

4945494	5275725	5605065	5935395
4955594	5285825	5615165	5945495
4965694	5295925	5625265	5955595
4975794		5635365	5965695
4985894	5305035	5645465	5975795
4995994	5315135	5655565	5985895
	5325235	5665665	5995995
5005005	5335335	5675765	
5015105	5345435	5685865	6005006
5025205	5355535	5695965	6015106
5035305	5365635		6025206
5045405	5375735	5705075	6035306
5055505	5385835	5715175	6045406
5065605	5395935	5725275	6055506
5075705		5735375	6065606
5085805	5405045	5745475	6075706
5095905	5415145	5755575	6085806
	5425245	5765675	6095906
5105015	5435345	5775775	
5115115	5445445	5785875	6105016
5125215	5455545	5795975	6115116
5135315	5465645		6125216
5145415	5475745	5805085	6135316
5155515	5485845	5815185	6145416
5165615	5495945	5825285	6155516
5175715		5835385	6165616
5185815	5505055	5845485	6175716
5195915	5515155	5855585	6185816
	5525255	5865685	6195916
5205025	5535355	5875785	
5215125	5545455	5885885	6205026
5225225	5555555	5895985	6215126
5235325	5565655		6225226
5245425	5575755	5905095	6235326
5255525	5585855	5915195	6245426
5265625	5595955	5925295	6255526

6265626	6595956	6915196	7245427
6275726		6925296	7255527
6285826	6605066	6935396	7265627
6295926	6615155	6945496	7275727
	6625266	6955596	7285827
6305036	6635366	6965696	7295927
6315136	6645466	6975796	
6325236	6655566	6985896	7305037
6335336	6665666	6995996	7315137
6345436	6675766		7325237
6355536	6685866	7005007	7335337
6365636	6695966	7015107	7345437
6375736		7025207	7355537
6385836	6705076	7035307	7365637
6395936	6715176	7045407	7375737
	6725276	7055507	7385837
6405046	6735376	7065607	7395937
6415146	6745476	7075707	
6425246	6755576	7085807	7405047
6435346	6765676	7095907	7415147
6445446	6775776		7425247
6455546	6785876	7105017	7435347
6465646	6795976	7115117	7445447
6475746		7125217	7455547
6485846	6805086	7135317	7465647
6495946	6815186	7145417	7475747
	6825286	7155517	7485847
6505056	6835386	7165617	7495947
6515156	6845486	7175717	
6525256	6855586	7185817	7505057
6535356	6865686	7195917	7515157
6545456	6875786		7525257
6555556	6885886	7205027	7535357
6565656	6895986	7215127	7545457
6575756		7225227	7555557
6585856	6905096	7235327	7565657

7575757	7905097	8235328	8565658
7585857	7915197	8245428	8575758
7595957	7925297	8255528	8585858
	7935397	8265628	8595958
7605067	7945497	8275728	
7615167	7955597	8285828	8605068
7625267	7965697	8295928	8615168
7635367	7975797		8625268
7645467	7985897	8305038	8635368
7655567	7995997	8315138	8645468
7665667		8325238	8655568
7675767	8005008	8335338	8665668
7685867	8015108	8345438	8675768
7695967	8025208	8355538	8685868
	8035308	8365638	8695968
7705077	8045408	8375738	
7715177	8055508	8385838	8705078
7725277	8065608	8395938	8715178
7735377	8075708		8725278
7745477	8085808	8405048	8735378
7755577	8095908	8415148	8745478
7765677		8425248	8755578
7775777	8105018	8435348	8765678
7785877	8115118	8445448	8775778
7795977	8125218	8455548	8785878
	8135318	8465648	8795978
7805087	8145418	8475748	
7815187	8155518	8485848	8805088
7825287	8165618	8495948	8815188
7835387	8175718		8825288
7845487	8185818	8505058	8835388
7855587	8195918	8515158	8845488
7865687		8525258	8855588
7875787	8205028	8535358	8865688
7885887	8215128	8545458	8875788
7895987	8225228	8555558	8885888

8895988	9215129	9545459	9875789
	9225229	9555559	9885889
8905098	9235329	9565659	9895989
8915198	9245429	9575759	
8925298	9255529	9585859	9905099
8935398	9265629	9595959	9915199
8945498	9275729		9925299
8955598	9285829	9605059	9935399
8965698	9295929	9615169	9945499
8975798		9625269	9955599
8985898	9305039	9635369	9965699
8995998	9315139	9645469	9975799
	9320239	9655569	9985899
9005009	9335339	9665669	9995999
9015109	9345439	9675769	
9025209	9355539	9685869	
9035309	9365639	9695969	
9045409	9375739		
9055509	9385839	9705079	
9065609	9395939	9715179	
9075709		9725279	
9085809	9405049	9735379	
9095909	9415149	9745479	
	9425249	9755579	
9105019	9435349	9765679	
9115119	9445449	9775779	
9125219	9455549	9785879	
9135319	9465649	9795979	
9145419	9475749		
9155519	9485849	9805089	
9165619	9495949	9815189	
9175719		9825289	
9185819	9505059	9835389	
9195919	9515159	9845489	
	9525259	9855589	
9205029	9535359	9865689	

1006001	1336331	1666661	1996991
1016101	1346431	1676761	
1026201	1356531	1686861	2006002
1036301	1366631	1696961	2016102
1046401	1376731		2026202
1056501	1386831	1706071	2036302
1066601	1396931	1716171	2046402
1076701		1726271	2056502
1086801	1406041	1736371	2066602
1096901	1416141	1746471	2076702
	1426241	1756571	2086802
1106011	1436341	1766671	2096902
1116111	1446441	1776771	
1126211	1456541	1786871	2106012
1136311	1466641	1796971	2116112
1146411	1476741		2126212
1156511	1486841	1806081	2136312
1166611	1496941	1816181	2146412
1176711		1826281	2156512
1186811	1506051	1836381	2166612
1196911	1516151	1846481	2176712
	1526251	1856581	2186812
1206021	1536351	1866681	2196012
1216121	1546451	1876781	
1226221	1556551	1886881	2206022
1236321	1566651	1896981	2216122
1246421	1576751		2226222
1256521	1586851	1906091	2236322
1266621	1596951	1916191	2246422
1276721		1926291	2256522
1286821	1606061	1936391	2266622
1296921	1616161	1946491	2276722
	1626261	1956591	2286822
1306031	1636351	1966691	2296922
1316131	1646461	1976791	
1326231	1656561	1986891	2306032

2316132	2646462	2976792	3306033
2326232	2656562	2986892	3316133
2336332	2666662	2996992	3326233
2346432	2676762		3336333
2356532	2686862	3006003	3346433
2366632	2696962	3016103	3356533
2376732		3026203	3366633
2386832	2706072	3036303	3376733
2396932	2716172	3046403	3386833
	2726272	3056503	3396933
2406042	2736372	3066603	
2416143	2746472	3076703	3406043
2426242	2756572	3086803	3416143
2436342	2766672	3096903	3426243
2446442	2776872		3436343
2456542	2786872	3106013	3446443
2466642	2796972	3116113	3456543
2476742		3126213	3466643
2486842	2806082	3136313	3476743
2496942	2816182	3146413	3486843
	2826282	3156513	3496943
2506052	2836382	3166613	
2516152	2846482	3176713	3506053
2526252	2856582	3186813	3516153
2536352	2866682	3196913	3526253
2546452	2876782		3536353
2556552	2886882	3206023	3546653
2566652	2896982	3216123	3556753
2576752		3226223	3566853
2586852	2906092	3236323	3576753
2596952	2916192	3246423	3586853
	2926292	3256523	3596953
2606062	2936392	3266623	
2616162	2946492	3276723	3606063
2626262	2956592	3286823	3616163
2636362	2966692	3296923	3626263

3636363	3966693	4296924	4616164
3646463	3976793		4626264
3656563	3986892	4306034	4636364
3666663	3996993	4316134	4646464
3676763		4326234	4656564
3686863	4006004	4336334	4666664
3696963	4016104	4346434	4676764
	4026204	4356534	4686864
3706073	4036304	4366634	4696964
3716173	4046404	4376734	
3726273	4056504	4386834	4706074
3736373	4066604	4396034	4716174
3746473	4076704		4726274
3756573	4086804	4406044	4736374
3766673	4096904	4416144	4746474
3776773		4426244	4756574
3786873	4106014	4436344	4766674
3796973	4116114	4446444	4776774
	4126214	4456544	4786874
3806083	4136314	4466644	4796974
3816183	4146414	4476744	
3826283	4156514	4486844	4806084
3836383	4166614	4496944	4816184
3846483	4176714		4826284
3856583	4186814	4506054	4836384
3866683	4196914	4516154	4846484
3876783		4526254	4856584
3886883	4206024	4536354	4866684
3896983	4216124	4546454	4876784
	4226224	4556554	4886884
3906093	4236324	4566654	4896984
3916193	4246424	4576754	
3926293	4256524	4586854	4906094
3936393	4266624	4596954	4916194
3946493	4276724		4926294
3956593	4286824	4606064	4936394

4946494	5276725	5606065	5936395
4956594	5286825	5616165	5946495
4966694	5296925	5626265	5956595
4976794		5636365	5966695
4986894	5306035	5646465	5976795
4996994	5316135	5656565	5986895
	5326235	5666665	5996995
5006005	5336335	5676765	
5016105	5346435	5686865	6006006
5026205	5356535	5696965	6016106
5036305	5366635		6026206
5046405	5376735	5706075	6036306
5056505	5386835	5716175	6046406
5066605	5396935	5726275	6056506
5076705		5736375	6066606
5086805	5406045	5746475	6076706
5096905	5416145	5756575	6086806
	5426245	5766675	6096906
5106015	5436345	5776775	
5116115	5446445	5786875	6106016
5126215	5456545	5796975	6116116
5136315	5466645		6126216
5146415	5476745	5806085	6136316
5156515	5486845	5816185	6146416
5166615	5496945	5826285	6156516
5176715		5836385	6166616
5186815	5506055	5846485	6176716
5196915	5516155	5856585	6186816
	5526255	5866685	6196916
5206025	5536355	5876785	
5216125	5546455	5886885	6206026
5226225	5556555	5896985	6216126
5236325	5566655		6226226
5246425	5576755	5906095	6236326
5256525	5586855	5916195	6246426
5266625	5596955	5926295	6256526

6266626	6596956	6916196	7246427
6276726		6926296	7256527
6286826	6606066	6936396	7266627
6296926	6616166	6946496	7276727
	6626266	6956596	7286827
6306036	6636366	6966696	7296927
6316136	6646466	6976796	
6326236	6656566	6986896	7306037
6336336	6666666	6996996	7316137
6346436	6676766		7326237
6356536	6686866	7006007	7336337
6366636	6696966	7016107	7346437
6376736		7026207	7356537
6386836	6706076	7036307	7366637
6396936	6716176	7046407	7376737
	6726276	7056507	7386837
6406046	6736376	7066607	7396937
6416146	6746476	7076707	
6426246	6756576	7086807	7406047
6436346	6766676	7096907	7416147
6446446	6776776		7426247
6456546	6786876	7106017	7436347
6466646	6796976	7116117	7446447
6476746		7126217	7456547
6486846	6806086	7136317	7466647
6496946	6816186	7146417	7476747
	6826286	7156517	7486847
6506056	6836386	7166617	7496947
6516156	6846486	7176717	
6526256	5856586	7186817	7506057
6536356	6866686	7196917	7516157
6546456	6876786		7526257
6556556	6886886	7206027	7536357
6566656	6896986	7216127	7546457
6576756		7226227	7556557
6586856	6906096	7236327	7566657

7576757	7906097	8236328	8566658
7586857	7916197	8246428	8576758
7596957	7926297	8256528	8586858
	7936397	8266628	8596958
7606067	7946497	8276728	
7616167	7956597	8286828	8606068
7626267	7966697	8296928	8616168
7636367	7976797		8626268
7646467	7986897	8306038	8636368
7656567	7996997	8316138	8646468
7666667		8326238	8656568
7676767	8006008	8336338	8666668
7686867	8016108	8346438	8676768
7696967	8026208	8356538	8686868
	8036308	8366638	8696968
7706077	8046408	8376738	
7716177	8056508	8386838	8706078
7726277	8066608	8396938	8716178
7736377	8076708		8726278
7746477	8086808	8406048	8736378
7756577	8096908	8416148	8746478
7766677		8426248	8756578
7776777	8106018	8436348	8766678
7786877	8116118	8446448	8776778
7796977	8126218	8456548	8786878
	8136318	8466648	8796978
7806087	8146418	8476748	
7816187	8156518	8486848	8806088
7826287	8166618	8496948	8816188
7836387	8176718		8826288
7846487	8186818	8506058	8836388
7856587	8196918	8516158	8846488
7866687		8526258	8856588
7876787	8206028	8536358	8866688
7886887	8216128	8546458	8876788
7896987	8226228	8556558	8886888

8896988	9226229	9556559	9886889
8906098	9236329	9566659	9896989
8916198	9246429	9576759	
8926298	9256529	9586859	9906099
8936398	9266629	9596959	9916199
8946498	9276729		9926299
8956598	9286829	9606059	9936399
8966698	9296929	9616169	9946499
8976798		9626269	9956599
8986898	9306039	9636369	9966699
8996998	9316139	9646469	9976799
	9326239	9656569	9986899
9006009	9336339	9666669	9996999
9016109	9346439	9676769	
9026209	9356539	9686869	
9036309	9366639	9696969	
9046409	9376739		
9056509	9386839	9706079	
9066609	9396939	9716179	
9076709		9726279	
9086809	9406049	9736379	
9096909	9416149	9746479	
	9426249	9756579	
9106019	9436349	9766679	
9116119	9446449	9776779	
9126219	9456549	9786879	
9136319	9466649	9796979	
9146419	9476749		
9156519	9486849	9806089	
9166619	9496949	9816189	
9176719		9826289	
9186819	9506059	9836389	
9196919	9516159	9846489	
	9526259	9856589	
9206029	9536359	9866689	
9216129	9546459	9876789	

1007001	1337331	1667661	1997991
1017101	1347431	1677761	
1027201	1357531	1687861	2007002
1037301	1367631	1697961	2017102
1047401	1377731	1707071	2027202
1057501	1387831		2037302
1067601	1397931	1717171	2047402
1077701		1727271	2057502
1087801	1407041	1737371	2067602
1097901	1417141	1747471	2077702
	1427241	1757571	2087802
1107011	1437341	1767671	2097902
1117111	1447441	1777771	
1127211	1457541	1787871	2107012
1137311	1467641	1797971	2117112
1147411	1477741		2127212
1157511	1487841	1807081	2137312
1167611	1497941	1817181	2147412
1177711		1827281	2157512
1187811	1507051	1837381	2167612
1197911	1517151	1847481	2177712
	1527251	1857581	2187812
1207021	1537351	1867681	2197012
1217121	1547451	1877781	
1227221	1557551	1887881	2207022
1237321	1567651	1897981	2217122
1247421	1577751		2227222
1257521	1587851	1907091	2237322
1267621	1597951	1917191	2247422
1277721		1927291	2257522
1287821	1607061	1937391	2267622
1297921	1617161	1947491	2277722
	1627261	1957591	2287822
1307031	1637351	1967691	2297922
1317131	1647461	1977791	
1327231	1657561	1987891	2307032

2317132	2647462	2977792	3307033
2327232	2657562	2987892	3317133
2337332	2667662	2997992	3327233
2347432	2677762		3337333
2357532	2687862	3007003	3347433
2367632	2697962	3017103	3357533
2377732		3027203	3367633
2387832	2707072	3037303	3377733
2397932	2717172	3047403	3387833
	2727272	3057503	3397933
2407042	2737372	3067603	
2417142	2747472	3077703	3407043
2427242	2757572	3087803	3417143
2437342	2767672	3097903	3427243
2447442	2777872		3437343
2457542	2787872	3107013	3447443
2467642	2797972	3117113	3457543
2477742		3127213	3467643
2487842	2807082	3137313	3477743
2497942	2817182	3147413	3487843
	2827282	3157513	3497943
2507052	2837382	3167613	
2517152	2847482	3177713	3507053
2527252	2857582	3187813	3517153
2537352	2867682	3197913	3527253
2547452	2877782		3537353
2557552	2887882	3207023	3547453
2567652	2897982	3217123	3557553
2577752		3227223	3567653
2587852	2907092	3237323	3577753
2597952	2917192	3247423	3587853
	2927292	3257523	3597953
2607062	2937392	3267623	
2617162	2947492	3277723	3607063
2627262	2957592	3287823	3617163
2637362	2967692	3297923	3627263

3637363	3967693	4297924	4617164
3647463	3977793		4627264
3657563	3987892	4307034	4637364
3667663	3997993	4317134	4647464
3677763		4327234	4657564
3687863	4007004	4337334	4667664
3697963	4017104	4347434	4677764
	4027204	4357534	4687864
3707073	4037304	4367634	4697964
3717173	4047404	4377734	
3727273	4057504	4387834	4707074
3737373	4067604	4397034	4717174
3747473	4077704		4727274
3757573	4087804	4407044	4737374
3767673	4097904	4417144	4747474
3777773		4427244	4757574
3787873	4107014	4437344	4767674
3797973	4117114	4447444	4777774
	4127214	4457544	4787874
3807083	4137314	4467644	4797974
3817183	4147414	4477744	
3827283	4157514	4487844	4807084
3837383	4167614	4497944	4817184
3847483	4177714		4827284
3857583	4187814	4507054	4837384
3867683	4197914	4517154	4847484
3877783		4527254	4857584
3887883	4207024	4537354	4867684
3897983	4217124	4547454	4877784
	4227224	4557554	4887884
3907093	4237324	4567654	4897984
3917193	4247424	4577754	
3927293	4257524	4587854	4907094
3937393	4267624	4597954	4917194
3947493	4277724		4927294
3957593	4287824	4607064	4937394

4947494	5277725	5607065	5037395
4957594	5287825	5617165	5947495
4967694	5297925	5627265	5957595
4977794		5637365	5967695
4987894	5307035	5647465	5977795
4997994	5317135	5657565	5987895
	5327235	5667665	5997995
5007005	5337335	5677765	
5017105	5347435	5687865	6007006
5027205	5357535	5697965	6017106
5037305	5367635		6027206
5047405	5377735	5707075	6037306
5057505	5387835	5717175	6047406
5067605	5397935	5727275	6057506
5077705		5737375	6067606
5087805	5407045	5747475	6077706
5097905	5417145	5757575	6087806
	5427245	5767675	6097906
5107015	5437345	5777775	
5117115	5447445	5787875	6107016
5127215	5457545	5797975	6117116
5137315	5467645		6127216
5147415	5477745	5807085	6137316
5157515	5487845	5817185	6147416
5167615	5497945	5827285	6157516
5177715		5837385	6167616
5187815	5507055	5847485	6177716
5197915	5517155	5857585	6187816
	5527255	5867685	6197916
5207025	5537355	5877785	
5217125	5547455	5887885	6207026
5227225	5557555	5897985	6217126
5237325	5567655		6227226
5247425	5577755	5907095	6237326
5257525	5587855	5917195	6247426
5267625	5597955	5927295	6257526

6267626	6597956	6917196	7247427
6277726		6927296	7257527
6287826	6607066	6937396	7267627
6297926	6617155	6947496	7277727
	6627266	6957596	7287827
6307036	6637366	6967696	7297927
6317136	6647466	6977796	
6327236	6657566	6987896	7307037
6337336	6667666	6997996	7317137
6347436	6677766		7327237
6357536	6687866	7007007	7337337
6367636	6697966	7017107	7347437
6377736		7027207	7357537
6387836	6707076	7037307	7367637
6397936	6717176	7047407	7377737
	6727276	7057507	7387837
6407046	6737376	7067607	7397937
6417146	6747476	7077707	
6427246	6757576	7087807	7407047
6437346	6767676	7097907	7417147
6447446	6777776		7427247
6457546	6787876	7107017	7437347
6467646	6797976	7117117	7447447
6477746		7127217	7457547
6487846	6807086	7137317	7467647
6497946	6817186	7147417	7477747
	6827286	7157517	7487847
6507056	6837386	7167617	7497947
6517156	6847486	7177717	
6527256	5857586	7187817	7507057
6537356	6867686	7197917	7517157
6547456	6877786		7527257
6557556	6887886	7207027	7537357
6567656	6897986	7217127	7547457
6577756		7227227	7557557
6587856	6907096	7237327	7567657

7577757	7907097	8237328	8567658
7587857	7917197	8247428	8577758
7597957	7927297	8257528	8587858
	7937397	8267628	8597958
7607067	7947497	8277728	
7617167	7957597	8287828	8607068
7627267	7967697	8297928	8617168
7637367	7977797		8627268
7647467	7987897	8307038	8637368
7657567	7997997	8317138	8647468
7667667		8327238	8657568
7677767	8007008	8337338	8667668
7687867	8017108	8347438	8677768
7697967	8027208	8357538	8687868
	8037308	8367638	8697968
7707077	8047408	8377738	
7717177	8057508	8387838	8707078
7727277	8067608	8397938	8717178
7737377	8077708		8727278
7747477	8087808	8407048	8737378
7757577	8097908	8417148	8747478
7767677		8427248	8757578
7777777	8107018	8437348	8767678
7787877	8117118	8447448	8777778
7797977	8127218	8457548	8787878
	8137318	8467648	8797978
7807087	8147418	8477748	
7817187	8157518	8487848	8807088
7827287	8167618	8497948	8817188
7837387	8177718		8827288
7847487	8187818	8507058	8837388
7857587	8197918	8517158	8847488
7867687		8527258	8857588
7877787	8207028	8537358	8867688
7887887	8217128	8547458	8877788
7897987	8227228	8557558	8887888

121

8897988	9227229	9557559	9887889
8907098	9237329	9567659	9897989
8917198	9247429	9577759	
8927298	9257529	9587859	9907099
8937398	9267629	9597959	9917199
8947498	9277729		9927299
8957598	9287829	9607059	9937399
8967698	9297929	9617169	9947499
8977798		9627269	9957599
8987898	9307039	9637369	9967699
8997998	9317139	9647469	9977799
	9327239	9657569	9987899
9007009	9337339	9667669	9997999
9017109	9347439	9677769	
9027209	9357539	9687869	
9037309	9367639	9697969	
9047409	9377739		
9057509	9387839	9707079	
9067609	9397939	9717179	
9077709		9727279	
9087809	9407049	9737379	
9097909	9417149	9747479	
	9427249	9757579	
9107019	9437349	9767679	
9117119	9447449	9777779	
9127219	9457549	9787879	
9137319	9467649	9797979	
9147419	9477749		
9157519	9487849	9807089	
9167619	9497949	9817189	
9177719		9827289	
9187819	9507059	9837389	
9197919	9517159	9847489	
	9527259	9857589	
9207029	9537359	9867689	
9217129	9547459	9877789	

1008001	1338331	1668661	1998991
1018101	1348431	1678761	
1028201	1358531	1688861	2008002
1038301	1368631	1698961	2018102
1048401	1378731	1708071	2028202
1058501	1388831		2038302
1068601	1398931	1718171	2048402
1078701		1728271	2058502
1088801	1408041	1738371	2068602
1098901	1418141	1748471	2078702
	1428241	1758571	2088802
1108011	1438341	1768671	2098902
1118111	1448441	1778771	
1128211	1458541	1788871	2108012
1138311	1468641	1798971	2118112
1148411	1478741		2128212
1158511	1488841	1808081	2138312
1168611	1498941	1818181	2148412
1178711		1828281	2158512
1188811	1508051	1838381	2168612
1198911	1518151	1848481	2178712
	1528251	1858581	2188812
1208021	1538351	1868681	2198012
1218121	1548451	1878781	
1228221	1558551	1888881	2208022
1238321	1568651	1898981	2218122
1248421	1578751		2228222
1258521	1588851	1908091	2238322
1268621	1598951	1918191	2248422
1278721		1928291	2258522
1288821	1608061	1938391	2268622
1298921	1618161	1948491	2278722
	1628261	1958591	2288822
1308031	1638351	1968691	2298922
1318131	1648461	1978791	
1328231	1658561	1988891	2308032

2318132	2648462	2978792	3308033
2328232	2658562	2988892	3318133
2338332	2668662	2998992	3328233
2348432	2678762		3338333
2358532	2688862	3008003	3348433
2368632	2698962	3018103	3358533
2378732		3028203	3368633
2388832	2708072	3038303	3378733
2398932	2718172	3048403	3388833
	2728272	3058503	3398933
2408042	2738372	3068603	
2418143	2748472	3078703	3408043
2428242	2758572	3088803	3418143
2438342	2768672	3098903	3428243
2448442	2778872		3438343
2458542	2788872	3108013	3448443
2468642	2798972	3118113	3458543
2478742		3128213	3468643
2488842	2808082	3138313	3478743
2498942	2818182	3148413	3488843
	2828282	3158513	3498943
2508052	2838382	3168613	
2518152	2848482	3178713	3508053
2528252	2858582	3188813	3518153
2538352	2868682	3198913	3528253
2548452	2878782		3538353
2558552	2888882	3208023	3548453
2568652	2898982	3218123	3558553
2578752		3228223	3568653
2588852	2908092	3238323	3578753
2598952	2918192	3248423	3588853
	2928292	3258523	3598953
2608062	2938392	3268623	
2618162	2948492	3278723	3608063
2628262	2958592	3288823	3618163
2638362	2968692	3298923	3628263

3638363	3968693	4298924	4618164
3648463	3978793		4628264
3658563	3988892	4308034	4638364
3668663	3998993	4318134	4648464
3678763		4328234	4658564
3688863	4008004	4338334	4668664
3698963	4018104	4348434	4678764
	4028204	4358534	4688864
3708073	4038304	4368634	4698964
3718173	4048404	4378734	
3728273	4058504	4388834	4708074
3738373	4068604	4398034	4718174
3748473	4078704		4728274
3758573	4088804	4408044	4738374
3768673	4098904	4418144	4748474
3778773		4428244	4758574
3788873	4108014	4438344	4768674
3798973	4118114	4448444	4778774
	4128214	4458544	4788874
3808083	4138314	4468644	4798974
3818183	4148414	4478744	
3828283	4158514	4488844	4808084
3838383	4168614	4498944	4818184
3848483	4178714		4828284
3858583	4188814	4508054	4838384
3868683	4198914	4518154	4848484
3878783		4528254	4858584
3888883	4208024	4538354	4868684
3898983	4218124	4548454	4878784
	4228224	4558554	4888884
3908093	4238324	4568654	4898984
3918193	4248424	4578754	
3928293	4258524	4588854	4908094
3938393	4268624	4598954	4918194
3948493	4278724		4928294
3958593	4288824	4608064	4938394

4948494	5278725	5608065	5938395
4958594	5288825	5618165	5948495
4968694	5298925	5628265	5958595
4978794		5638365	5968695
4988894	5308035	5648465	5978795
4998994	5318135	5658565	5988895
	5328235	5668665	5998995
5008005	5338335	5678765	
5018105	5348435	5688865	6008006
5028205	5358535	5698965	6018106
5038305	5368635		6028206
5048405	5378735	5708075	6038306
5058505	5388835	5718175	6048406
5068605	5398935	5728275	6058506
5078705		5738375	6068606
5088805	5408045	5748475	6078706
5098905	5418145	5758575	6088806
	5428245	5768675	6098906
5108015	5438345	5778775	
5118115	5448445	5788875	6108016
5128215	5458545	5798975	6118116
5138315	5468645		6128216
5148415	5478745	5808085	6138316
5158515	5488845	5818185	6148416
5168615	5498945	5828285	6158516
5178715		5838385	6168616
5188815	5508055	5848485	6178716
5198915	5518155	5858585	6188816
	5528255	5868685	6198916
5208025	5538355	5878785	
5218125	5548455	5888885	6208026
5228225	5558555	5898985	6218126
5238325	5568655		6228226
5248425	5578755	5908095	6238326
5258525	5588855	5918195	6248426
5268625	5598955	5928295	6258526

6268626	6598956	6918196	7248427
6278726		6928296	7258527
6288826	6608066	6938396	7268627
6298926	6618166	6948496	7278727
	6628266	6958596	7288827
6308036	6638366	6968696	7298927
6318136	6648466	6978796	
6328236	6658566	6988896	7308037
6338336	6668666	6998996	7318137
6348436	6678766		7328237
6358536	6688866	7008007	7338337
6368636	6698966	7018107	7348437
6378736		7028207	7358537
6388836	6708076	7038307	7368637
6398936	6718176	7048407	7378737
	6728276	7058507	7388837
6408046	6738376	7068607	7398937
6418146	6748476	7078707	
6428246	6758576	7088807	7408047
6438346	6768676	7098907	7418147
6448446	6778776		7428247
6458546	6788876	7108017	7438347
6468646	6798976	7118117	7448447
6478746		7128217	7458547
6488846	6808086	7138317	7468647
6498946	6818186	7148417	7478747
	6828286	7158517	7488847
6508056	6838386	7168617	7498947
6518156	6848486	7178717	
6528256	5858586	7188817	7508057
6538356	6868686	7198917	7518157
6548456	6878786		7528257
6558556	6888886	7208027	7538357
6568656	6898986	7218127	7548457
6570756		7228227	7558557
6588856	6908096	7238327	7568657

7578757	7908097	8238328	8568658
7588857	7918197	8248428	8578758
7598957	7928297	8258528	8588858
	7938397	8268628	8598958
7608067	7948497	8278728	
7618167	7958597	8288828	8608068
7628267	7968697	8298928	8618168
7638367	7978797		8628268
7648467	7988897	8308038	8638368
7658567	7998997	8318138	8648468
7668667		8328238	8658568
7678767	8008008	8338338	8668668
7688867	8018108	8348438	8678768
7698967	8028208	8358538	8688868
	8038308	8368638	8698968
7708077	8048408	8378738	
7718177	8058508	8388838	8708078
7728277	8068608	8398938	8718178
7738377	8078708		8728278
7748477	8088808	8408048	8738378
7758577	8098908	8418148	8748478
7768677		8428248	8758578
7778777	8108018	8438348	8768678
7788877	8118118	8448448	8778778
7798977	8128218	8458548	8788878
	8138318	8468648	8798978
7808087	8148418	8478748	
7818187	8158518	8488848	8808088
7828287	8168618	8498948	8818188
7838387	8178718		8828288
7848487	8188818	8508058	8838388
7858587	8198918	8518158	8848488
7868687		8528258	8858588
7878787	8208028	8538358	8868688
7888887	8218128	8548458	8878788
7898987	8228228	8558558	8888888

8898988	9218129	9548459	9878789
	9228229	9558559	9888889
8908098	9238329	9568659	9898989
8918198	9248429	9578759	
8928298	9258529	9588859	9908099
8938398	9268629	9598959	9918199
8948498	9278729		9928299
8958598	9288829	9608059	9938399
8968698	9298929	9618169	9948499
8978798		9628269	9958599
8988898	9308039	9638369	9968699
8998998	9318139	9648469	9978799
	9328239	9658569	9988899
9008009	9338339	9668669	9998999
9018109	9348439	9678769	
9028209	9358539	9688869	
9038309	9368639	9698969	
9048409	9378739		
9058509	9388839	9708079	
9068609	9398939	9718179	
9078709		9728279	
9088809	9408049	9738379	
9098909	9418149	9748479	
	9428249	9758579	
9108019	9438349	9768679	
9118119	9448449	9778779	
9128219	9458549	9788879	
9138319	9468649	9798979	
9148419	9478749		
9158519	9488849	9808089	
9168619	9498949	9818189	
9178719		9828289	
9188819	9508059	9838389	
9198919	9518159	9848489	
	9528259	9858589	
9208029	9538359	9868689	

1009001	1339331	1669661	1999991
1019101	1349431	1679761	
1029201	1359531	1689861	2009002
1039301	1369631	1699961	2019102
1049401	1379731		2029202
1059501	1389831	1709071	2039302
1069601	1399931	1719171	2049402
1079701		1729271	2059502
1089801	1409041	1739371	2069602
1099901	1419141	1749471	2079702
	1429241	1759571	2089802
1109011	1439341	1769671	2099902
1119111	1449441	1779771	
1129211	1459541	1789871	2109012
1139311	1469641	1799971	2119112
1149411	1479741		2129212
1159511	1489841	1809081	2139312
1169611	1499941	1819181	2149412
1179711		1829281	2159512
1189811	1509051	1839381	2169612
1199911	1519151	1849481	2179712
	1529251	1859581	2189812
1209021	1539351	1869681	2199012
1219121	1549451	1879781	
1229221	1559551	1889881	2209022
1239321	1569651	1899981	2219122
1249421	1579751		2229222
1259521	1589851	1909091	2239322
1269621	1599951	1919191	2249422
1279721		1929291	2259522
1289821	1609061	1939391	2269622
1299921	1619161	1949491	2279722
	1629261	1959591	2289822
1309031	1639351	1969691	2299922
1319131	1649461	1979791	
1329231	1659561	1989891	2309032

2319132	2649462	2979792	3309033
2329232	2659562	2989892	3319133
2339332	2669662	2999992	3329233
2349432	2679762		3339333
2359532	2689862	3009003	3349433
2369632	2699962	3019103	3359533
2379732		3029203	3369633
2389832	2709072	3039303	3379733
2399932	2719172	3049403	3389833
	2729272	3059503	3399933
2409042	2739372	3069603	
2419143	2749472	3079703	3409043
2429242	2759572	3089803	3419143
2439342	2769672	3099903	3429243
2449442	2779872		3439343
2459542	2789872	3109013	3449443
2469642	2799972	3119113	3459543
2479742		3129213	3469643
2489842	2809082	3139313	3479743
2499942	2819182	3149413	3489843
	2829282	3159513	3499943
2509052	2839382	3169613	
2519152	2849482	3179713	3509053
2529252	2859582	3189813	3519153
2539352	2869682	3199913	3529253
2549452	2879782		3539353
2559552	2889882	3209023	3549653
2569652	2899982	3219123	3559753
2579752		3229223	3569853
2589852	2909092	3239323	3579753
2599952	2919192	3249423	3589853
	2929292	3259523	3599953
2609062	2939392	3269623	
2619162	2949492	3279723	3609063
2629262	2959592	3289823	3619163
2639362	2969692	3299923	3629263

3639363	3969693	4299924	4619164
3649463	3979793		4629264
3659563	3989892	4309034	4639364
3669663	3999993	4319134	4649464
3679763		4329234	4659564
3689863	4009004	4339334	4669664
3699963	4019104	4349434	4679764
	4029204	4359534	4689864
3709073	4039304	4369634	4699964
3719173	4049404	4379734	
3729273	4059504	4389834	4709074
3739373	4069604	4399034	4719174
3749473	4079704		4729274
3759573	4089804	4409044	4739374
3769673	4099904	4419144	4749474
3779773		4429244	4759574
3789873	4109014	4439344	4769674
3799973	4119114	4449444	4779774
	4129214	4459544	4789874
3809083	4139314	4469644	4799974
3819183	4149414	4479744	
3829283	4159514	4489844	4809084
3839383	4169614	4499944	4819184
3849483	4179714		4829284
3859583	4189814	4509054	4839384
3869683	4199914	4519154	4849484
3879783		4529254	4859584
3889883	4209024	4539354	4869684
3899983	4219124	4549454	4879784
	4229224	4559554	4889884
3909093	4239324	4569654	4899984
3919193	4249424	4579754	
3929293	4259524	4589854	4909094
3939393	4269624	4599954	4919194
3949493	4279724		4929294
3959593	4289824	4609064	4939394

4949494	5279725	5609065	5939395
4959594	5289825	5619165	5949495
4969694	5299925	5629265	5959595
4979794		5639365	5969695
4989894	5309035	5649465	5979795
4999994	5319135	5659565	5989895
	5329235	5669665	5999995
5009005	5339335	5679765	
5019105	5349435	5689865	6009006
5029205	5359535	5699965	6019106
5039305	5369635		6029206
5049405	5379735	5709075	6039306
5059505	5389835	5719175	6049406
5069605	5399935	5729275	6059506
5079705		5739375	6069606
5089805	5409045	5749475	6079706
5099905	5419145	5759575	6089806
	5429245	5769675	6099906
5109015	5439345	5779775	
5119115	5449445	5789875	6109016
5129215	5459545	5799975	6119116
5139315	5469645		6129216
5149415	5479745	5809085	6139316
5159515	5489845	5819185	6149416
5169615	5499945	5829285	6159516
5179715		5839385	6169616
5189815	5509055	5849485	6179716
5199915	5519155	5859585	6189816
	5529255	5869685	6199916
5209025	5539355	5879785	
5219125	5549455	5889885	6209026
5229225	5559555	5899985	6219126
5239325	5569655		6229226
5249425	5579755	5909095	6239326
5259525	5589855	5919195	6249426
5269625	5599955	5929295	6259526

6269626	6599956	6919196	7249427
6279726		6929296	7259527
6289826	6609066	6939396	7269627
6299926	6619155	6949496	7279727
	6629266	6959596	7289827
6309036	6639366	6969696	7299927
6319136	6649466	6979796	
6329236	6659566	6989896	7309037
6339336	6669666	6999996	7319137
6349436	6679766		7329237
6359536	6689866	7009007	7339337
6369636	6699966	7019107	7349437
6379736		7029207	7359537
6389836	6709076	7039307	7369637
6399936	6719176	7049407	7379737
	6729276	7059507	7389837
6409046	6739376	7069607	7399937
6419146	6749476	7079707	
6429246	6759576	7089807	7409047
6439346	6769676	7099907	7419147
6449446	6779776		7429247
6459546	6789876	7109017	7439347
6469646	6799976	7119117	7449447
6479746		7129217	7459547
6489846	6809086	7139317	7469647
6499946	6819186	7149417	7479747
	6829286	7159517	7489847
6509056	6839386	7169617	7499947
6519156	6849486	7179717	
6529256	5859586	7189817	7509057
6539356	6869686	7199917	7519157
6549456	6879786		7529257
6559556	6889886	7209027	7539357
6569656	6899986	7219127	7549457
6579756		7229227	7559557
6589856	6909096	7239327	7569657

7579757	7909097	8239328	8569658
7589857	7919197	8249428	8579758
7599957	7929297	8259528	8589858
	7939397	8269628	8599958
7609067	7949497	8279728	
7619167	7959597	8289828	8609068
7629267	7969697	8299928	8619168
7639367	7979797		8629268
7649467	7989897	8309038	8639368
7659567	7999997	8319138	8649468
7669667		8329238	8659568
7679767	8009008	8339338	8669668
7689867	8019108	8349438	8679768
7699967	8029208	8359538	8689868
	8039308	8369638	8699968
7709077	8049408	8379738	
7719177	8059508	8389838	8709078
7729277	8069608	8399938	8719178
7739377	8079708		8729278
7749477	8089808	8409048	8739378
7759577	8099908	8419148	8749478
7769677		8429248	8759578
7779777	8109018	8439348	8769678
7789877	8119118	8449448	8779778
7799977	8129218	8459548	8789878
	8139318	8469648	8799978
7809087	8149418	8479748	
7819187	8159518	8489848	8809088
7829287	8169618	8499948	8819188
7839387	8179718		8829288
7849487	8189818	8509058	8839388
7859587	8199918	8519158	8849488
7869687		8529258	8859588
7879787	8209028	8539358	8869688
7889887	8219128	8549458	8879788
7899987	8229228	8559558	8889888

8899988	9229229	9559559	9889889
8909098	9239329	9569659	9899989
8919198	9249429	9579759	
8929298	9259529	9589859	9909099
8939398	9269629	9599959	9919199
8949498	9279729		9929299
8959598	9289829	9609059	9939399
8969698	9299929	9619169	9949499
8979798		9629269	9959599
8989898	9309039	9639369	9969699
8999998	9319139	9649469	9979799
	9329239	9659569	9989899
9009009	9339339	9669669	9999999
9019109	9349439	9679769	
9029209	9359539	9689869	
9039309	9369639	9699969	
9049409	9379739		
9059509	9389839	9709079	
9069609	9399939	9719179	
9079709		9729279	
9089809	9409049	9739379	
9099909	9419149	9749479	
	9429249	9759579	
9109019	9439349	9769679	
9119119	9449449	9779779	
9129219	9459549	9789879	
9139319	9469649	9799979	
9149419	9479749		
9159519	9489849	9809089	
9169619	9499949	9819189	
9179719		9829289	
9189819	9509059	9839389	
9199919	9519159	9849489	
	9529259	9859589	
9209029	9539359	9869689	
9219129	9549459	9879789	

GLOSSARY

ABM: American Building Maintenance (a company), Army Ballistic Missile

ADA: 1. American Dental Association
2. Americans for Democratic Action

ADOS: troubles

ALA: winglike structure (e. g.. earlobe)

AMA: American Medical Association

ANNA: copper coin of India

ANNAM: An administrative region of French Indochina in east-central Vietnam

AVE: The Ave Marie. Also, Abbreviation for avenue

AVIV: School of Mathematical Sciences at Tel Aviv University

AVON: river in England

BAAS: Bay Area Adoption Service

BARD: poet

BURG: city or town

CAM: bump (as on a shaft) for pushing another part

CAW: make the sound of a crow

CC: cubic centimeter

CIT: 1. citation. 2. cited. 3. citizen

CRC: Chemical Rubber Company

DAM: 1. female parent of a domestic animal. 2. barrier to hold back water

DAMON: Damon and Pythias. Roman Mythology. Two friends so devoted that Damon pledged his life as a hostage for the condemned Pythias

DEKED: deceived

DEL: in mathematics a vector operator

DELIA: a female given name

DENNED: lived in a den

DIR: director

DIVA: principal female singer

DNA: acid found in cells and forming a base for heredity

DOD: Department of Defense

DON: put on (cloths)

DOS: disk operating system

DRAY: a cart

DRIB: a negligible amount

DUB (verb): name

DUD: failure. bomb that fails to explode

EEL: snakelike fish

EKE: barely gain with effort - usually with "out"

ELBA: the largest island in the Tuscan Archipelago off the western coast of Italy, the place of exile of Napoleon Bonaparte (1814 - 15)

ELBERT: mountain in CO

EMIL: A masculine given name

EMIR: ruler in Asia

EPA: Environmental Protection Agency

EROS: Greek god of love. son of Aphrodite

ERE: before

EST: eastern standard time

ETA: estimated time of arrival

EVA: extravehicular activity

EWE: female sheep

GAL: girl

GIG: 1. a light, two-wheeled carriage drawn by one horse. 2. A long, light ship's boat having oars, sails, or a motor, and usually reserved for use by the ship's captain. a fast, light rowboat. 3. something that whirls. 4. an arrangement of barbless hooks that is dragged through a school of fish to hook them in the bodies. a pronged spear for fishing. 5. an official report of an infraction of rules, as in the army or a school. 6. a demerit assigned as a punishment. 7. Slang. a job; especially an engagement or booking for musicians.

GIRT: encircle

GNUS: large African antelopes

HA: used to express or joy

HANNAH: a female given name. (from Hebrew: graciousness)

HO: 1. used to express or joy or to attract attention to something sited or to urge onward: Land ho! 2. the symbol for the element holmium

HUH: used as an interrogative or to express surprise, contempt, or indifference

III: Insurance Information Institute

KAY: 1. the letter k. 2. Sir Kay: the foster brother and steward of King Arthur

KRAMER: 1. a sir name. 2. a leather products company

KO: knockout in boxing

LAGER: a type of beer

LANA: a female given name

LEE: 1. side sheltered from the wind. 2. a sir name

LEEK: onionlike herb

LEER: suggestive look

LOS: airport code for Lagos, Nigeria

LIEN: legal claim on the property of another

MA'AM: madam

MAC: 1. a mackintosh. 2. Maccabees (books of the Apocrypha).

MALAYALAM: a language spoken in a part of India

MARC: residue left after juice has been pressed from grapes

MARRAM: a type of grass

MAWS: stomach

MBA: Master of Business Administration

MEG: female nickname

MINIM: something very small

NAM: National Association of Manufacturers

NAN: river in Thailand

NAT.: national, native, natural

NED: New English Dictionary

NIB: pin point

NIT: parasitic insect egg

NON: indicates not

OH: 1. used to express strong emotions. 2. Ohio

OT: overtime

PAP: soft food

PEEWEEP: a type of bird

PIP: bird disease

POOH: used to express disdain

POOP: part of a ship

PULLUP: an exercise

RAE: Royal Academy

RAF: Royal Air Force

REFED: served as a referee

RENNET: curdled milk containing renin

REP: 1. reputation. 2. representative. 3. theater company. 4. epublican

RETROS: backward thrusting rockets

REVVER: one who revs (an engine)

RIME: hoar frost

RO: rood; linear measure about 8 yards

SAAB: make of a car

SERES: a chemical laboratory

SERIF: short line on the end of the stroke of a letter

SHAHS: monarchs in Iran

SIRRAH: fellow. contemptuous form of address

SLOOP: sailing boat with one mast

SOL: the sun

SOOSOOS: plural of soosoo, a type of dolphin

SPAR: (noun) pole or boom; (verb) practice boxing

STOPED: to mine by means of a stope.
Stope: an excavation in the form of steps, made by the mining of ore from steeply inclined or vertical veins

SPIRTS: variant of spurts

SPRAT: small herring, small fish

SRI: Stanford Research Institute

STAT: immediately

STATS: statistics (data)

STETS: a printer's term used to direct deletion, addition, or correction of a word

SWARD: lawn or meadow

TAO: of a Chinese philosophy

TAT: delicate handmaid lace

TENET: principle of a belief

TENNER: a ten-pound note (British)

TERRET: metal ring on a harness through which the reins pass

TIC: twitching of a facial muscle

TILER: thin piece of stone or fired clay used on roofs, floors, or walls

TOG: dress in fine cloths

TOPED: drank excessively

TOPER: a drunkard

TRAM: car that travels on overhead cable or rails

TRIG: stylish; extremely precise

TSE: web site for T. S. Eliot

TUT-TUT: sound of disapproval

VIVA: long live; hurrah

WAC: Women's Army Corps

WANG: a company in China

WARDER: watchman or warden

WOLFER: a sir name

X: in algebra a variable, often an "unknown"

XANAX: an antidepressant drug

YAK: big hairy Asian ox

YAW: deviate erratically from a course

ZEUS: the presiding god of the Greek pantheon

www.ingramcontent.com/pod-product-compliance
Lightning Source LLC
Chambersburg PA
CBHW020813300326
41914CB00075B/1719/J